Werner Ross

Der wilde Nietzsche

Friedrich Nietzsche:
Die Totenmaske

Werner Ross

Der wilde Nietzsche

oder

Die Rückkehr des Dionysos

Deutsche Verlags-Anstalt
Stuttgart

Die Deutsche Bibliothek – CIP-Einheitsaufnahme

Ross, Werner:
Der wilde Nietzsche oder Die Rückkehr des Dionysos /
Werner Ross. –
Stuttgart : Deutsche Verlags-Anstalt, 1994
ISBN 3-421-06668-X

Gesamtherstellung:
Friedrich Pustet, Regensburg
Printed in Germany

Meinem letzten Lehrer

Marcel Reich-Ranicki

Inhalt

Vorwort

> Man erholt sich in seiner wilden Natur
> am besten von seiner Unnatur,
> von seiner Geistigkeit.
> *Friedrich Nietzsche, »Pfeile und Sprüche«*

Als Nietzsche bei Richard Wagner Liebkind war und Lehrling in höherer Kultur, mußte er den Druck von Wagners »Aus meinem Leben« überwachen. Er lernte dabei mancherlei, zum Beispiel die Kenntnis verschieden feiner Papiersorten. Als er dann sein erstes eigenes Buch, die »Geburt der Tragödie aus dem Geiste der Musik«, zum Druck gab, war er sehr bedacht darauf, daß es in der gleichen Aufmachung, auf das gleiche feine Papier gedruckt erscheine wie Wagners letzte Schrift. »Ich glaube, daß noch nie ein Erstlingswerk so üppig eingehüllt, wie ein Prinzenkind, aus der Taufe gehoben worden ist«, schrieb er an Freund Rohde.

Aber wichtiger noch als das Papier war ihm das Wappen, die Vignette. Wagner hatte seine Vignette von Namen und Abstammung abgeleitet: vom Wagner das Sternbild des Wagens, vom Stiefvater Geyer den Geier. Nietzsche wählte nicht die Herkunft, sondern die Bestimmung. »Es ist der von seinen Fesseln befreite Prometheus«, ließ er seinen Verleger wissen. Und: Dieses Zeichen sage auf einfache Weise »Vieles und Ernstes«. Der Geier auf seiner Zeichnung war tot. Es war der, der dem gefesselten Prometheus die Leber abgehackt hatte, die nach Ansicht der alten Griechen der Sitz des Mutes ist.

War der tote Geier Wagners Geier? Bedeutete er die abgeschüttelte Dienstbarkeit? Möglich, aber ganz sicher nicht die Hauptsache. Bei Prometheus handelte es sich um Entfesselung. Das war das Losungswort des jungen Baseler Professors. Unsere Zivilisation, unsere Menschheit, will er sagen, ist vielfältig gefesselt, gebändigt, und »bändigen« kommt von den Banden, die sie halten. Prometheus ist der Halbgott, der Titan, sagen wir ruhig mit Nietzsche, der »Übermensch«, der die Menschen aus der Dienstbarkeit der Götter befreit, der ihnen das Feuer und allen Fortschritt gebracht hat. Es ist ihm übel bekommen, die Götter haben ihn an einen Felsen des Kaukasus geschmiedet, und der widerwärtige, aasfressende Vogel hackt ihm mit der Leber den Lebensmut ab, der immer nachwachsen muß. Aber getrost, er wird sich und seine Schützlinge, die Menschen, von ihren Fesseln befreien. Befreien von der stärksten Fessel, dem Christentum, und von der zweiten, dem »Sokratismus«, der Oberherrschaft der Vernunft über die ungezähmte Natur des Menschen.

Mit siebzehn, so werden wir im Laufe der Lektüre dieses Buches erfahren, hat er den Befreiungsschlag geplant. Damals las er ein Werk mit dem Titel »Der von seinen Fesseln befreite Prometheus«, das im englischen Original »Prometheus unbound« hieß. Dort, bei Shelley, konnte er in der Vorrede lesen, der Autor habe eine Leidenschaft, die Welt zu verbessern (*a passion for reforming the world*). Damals entschloß sich der halbe Knabe, die Welt zu verbessern, also auch von ihren bisherigen Vorurteilen zu befreien. Das Prinzenkind auf Velinpapier war gleichzeitig der Athlet, der die Säulen des alten Tempels brach und den fessellosen, den Befreier-Gott Dionysos ausrief. Der Professor Nietzsche blieb freilich der wohlerzogene, gedämpft sprechende, jeder Art von Temperamentsausbrüchen abgeneigte Bürger, der am liebsten Aristokrat und Offizier gewesen wäre. Wie sein Vorbild Shelley zog er nicht predigend durch die Welt, sondern saß am Schreibtisch, in diesem Punkte einem anderen Weltverbesserer, Karl Marx, verblüffend ähnlich.

Im zivilen Leben war er ängstlich; darum habe ich meine Nietzsche-Biographie, die 1980 erschien, »Der ängstliche Adler« genannt. Nun, mit dem Essay »Der wilde Nietzsche«, möchte ich darstellen, wie das Wilde in dem gesitteten Professor brodelte, wie es in seine Träume drang und sich in seine Musik flüchtete, wie es seine Phantasie belebte und wie es seine Religion wurde – bis am Ende der Wahnsinn ihn wirklich befreite, so daß er die Kleider abwarf, wild in die Tasten des Klaviers schlug, in wilden Sprüngen sein Zimmer durchmaß und abwechselnd Dionysos oder einer seiner Satyrn war. Der Freund, Franz Overbeck, nannte dies ein fürchterliches Schauspiel. Er selbst, der »göttliche Hanswurst«, wie er sich hellsichtig bezeichnete, war zum erstenmal in seinem Leben glücklich.

Niemand wird inzwischen noch so streng erzogen wie der kleine Pfarrerssohn. Weder das Christentum noch die Bürgerlichkeit haben noch Bindekraft. Prometheus ist nun wirklich ungebunden. Shelley und Nietzsche hatten sich freilich wie Marx und Freud das Ergebnis ihres tiefgreifenden Wirkens etwas anders vorgestellt, sicher nicht ganz so *wild.*

München, im Januar 1994 Werner Ross

1. Kapitel

Das artige Kind

Man muß wissen: Der kleine Friedrich Wilhelm Nietzsche war ein artiges Kind. Was hätte er anderes sein können, sein wollen? Er und die zwei Jahre jüngere Schwester Elisabeth wuchsen umgeben von Autoritäten auf: Mutter, Großmutter, zwei Tanten, das Dienstmädchen Mine, und im Hintergrund, fern und hochragend, der Vater, *ein* Mann gegen fünf Frauen. Das war gute Obhut, auferlegte Aufsicht, rundum aufgestellte Wachmannschaft. Die fünf waren zwar durchaus verschieden in Temperament und Lebensweise: die Großmutter Nietzsche vornehm und kränkelnd, die Tante Rosalie furchtbar nervös, die Tante Auguste tüchtig den Haushalt führend, die Mutter, Franziska Oehler, von Hause aus fröhlich, aber als Mutter streng, die Magd Mine schließlich, wie alle Langdienenden, ihrerseits zum Kommandieren neigend; aber sie alle waren geeint durch das, was damals bürgerliche Erziehung hieß. Rückblickend schreibt die Schwester: »Wir Nachkommen der ausgezeichneten Großeltern Oehler sind ... allesamt ... gewissermaßen soldatisch erzogen worden, wir gehorchten aufs Wort, sogar auf den Blick.«

Nur einmal fällt in den Familienaufzeichnungen Licht auf das Kind, auf den Fritz, wie er in der Familie heißt. »Pastor Nietzsche hatte es dem kleinen Fritz schon in seinen ersten Lebensjahren energisch abgewöhnt, sich vor Eigensinn rücklings auf den Boden zu werfen, wozu er neigte, wenn etwas nicht nach seinem Kopfe ging. Die Belehrung muß nachhaltig gewesen sein, denn die Mutter mußte sie nicht mehr auffrischen.« Es habe sich zwar jahrelang noch eine starke Widersetzlichkeit gerührt. Aber dem Kind blieb am Ende nichts übrig, als sich wortlos irgendwohin zurückzuziehen, wo es ungestört war. Das konnte auch das »stille Örtchen« sein.

Das Pfarrhaus in Röcken bei Leipzig war das erste Heim. Es hatte Vorbildfunktion, sollte der Gemeinde die Musterfamilie vorzeigen. Irgendwann würde dem kleinen Friedrich Wilhelm der Spitzname »der kleine Pastor« zufliegen. In einem Pfarrhaus war auch die Mutter mit ihren zehn Geschwistern aufgewachsen. Moral war das tägliche Brot, mit frommen Sprüchen bestrichen. Es wurde nicht geheuchelt, alle nahmen alles ernst, aber es drang in die Redeweise ein superlativischer Wohlgefälligkeitston ein, wenn man etwa von der »himmlisch guten« Tante Auguste sprach oder den Ehemann als »Herzensmann« bezeichnete. In jedem Falle hieß es mit der Wahrheit vorsichtig sein, man mußte sie manchmal verschweigen oder zartfühlend umschreiben. Es war jenes vorgezeigte Wohlverhalten, das Nietzsche später als »Naumburger Tugend« anklagte.

Außer christlicher Bescheidenheit gab es noch einen anderen Grund für spartanische Lebensführung: Geld war äußerst knapp. Bei Pastor Oehler in Pobles, wo die Mutter aufgewachsen war, ging es großzügiger zu, weil zur Pfarre Landwirtschaft gehörte. Pfarrer Oehler konnte anspannen lassen, wenn er oder die Familie über Land fuhr. Die Pfarre in Röcken war arm. Die Bauern lieferten »Naturalien«, so half man sich durch. Als nach dem frühen Tod des Vaters und Pfarrers das Röckener Haus geräumt werden mußte, man nach Naumburg zog, bekam Fritzens Mutter 30 Taler jährlich Witwenpension, zuzüglich je 8 Taler für die beiden Kinder. Da übte sich der Verzicht ganz von selber ein. Spartanisch hat Fritz sein Leben lang gelebt.

In Naumburg – Fritz war beim Umzug sechs Jahre alt – stellte sich heraus, daß die Nietzsches einiges Vermögen hatten. Immerhin war Großmutters Gatte Superintendent gewesen, hatte sozusagen dem Pfarrer-Adel angehört, und so auch der Vater ihres Mannes. Auch ihr Sohn Ludwig Nietzsche, so heißt es in den Berichten, gab zu den schönsten Hoffnungen Anlaß – bis zu jenem Treppensturz, der, unter Mitwirkung einer Gehirnerschütterung, nach einigen Monaten Siechtum zum Tode führte (und der seinerseits eine vornehme Umschreibung für das Gehirnleiden war, das ihn mit 36 sterben ließ). Jedenfalls konnte man in Naumburg ein einigermaßen standesgemäßes Haus mieten.

Aber das Standesgemäße fand auch darin seinen Ausdruck, daß die Großmutter und Superintendentenwitwe, die sich gerne »Frau Doktor« nennen ließ, in die sonnigen Zimmer zog, während die Mutter mit den zwei Kindern in die dunklen Hinterzimmer verbannt wurde. Schließlich war sie keine geborene Nietzsche und nur barmherzigkeitshalber aufgenommen.

Das Haus war sozusagen frömmigkeitsdurchtränkt. Der Mann der Frau Doktor hatte gelehrte theologische Schriften verfaßt, die Tante Rosalie blieb für geistliche Angelegenheiten zuständig, kannte sich in christlicher Dogmatik aus und las sogar die Zeitung, die *Königlich Vossische* natürlich. Aus Frömmigkeit war das fröhliche Fränzchen, die Mutter, von der Milde, Wohlwollen und Herzlichkeit ausströmten, ihren Kindern gegenüber, »über deren Seelen sie gleichsam Rechenschaft schuldig war«, streng. Sie brachte also, so drückte es ihr Vetter und Biograph Adalbert Oehler aus, das Opfer, »immer auf der Wacht zu sein, sich nicht von ihrer angeborenen Herzensgüte bestechen zu lassen«. Im Falle Nietzsches hat diese Opferstrenge freilich nicht das gewünschte Resultat gehabt. Bei Schwester Elisabeth erzeugte sie ein unverwüstlich gutes Gewissen, das auch die häßlichsten Dinge, die sie tat, mit einem kleinen Heiligenschein verzierte.

Der junge und früh zum Tod bestimmte Vater, über den wir wenig wissen, tat, was in diesem Frauenhaushalt das klügste war: Er zog sich zurück. Er saß in der Studierstube und »studierte«; das war achtbar und gehörte zum Berufsbild (es galt ja auch die Sonntagspredigt vorzubereiten). Wenn es gesellig zuging, wurde er ans Klavier gebeten und gab zum besten, was damals, seit der Romantik, üblich war: Er phantasierte. Das heißt: Er erfand Tonfolgen oder gab gehörte wieder, mit passender donnernder oder lispelnder Begleitung und mit der träumerischen Miene, die das Ganze zur Inspiration erhob. Für den Geistlichen war es selbstverständlich, daß die Kirchentonarten, die Erinnerung an geistliche Lieder und Choräle, sich in seine musischen Übungen verwebten.

Der kleine Fritz aber, so will es die Legende, richtete sich, wenn der Vater musizierte, schon als einjähriges Kind in seinem Wagen auf, horchte mucksmäuschenstill und wandte kein Auge von ihm. Später erlaubte der Pastor Nietzsche dem Kind, bei ihm im Studierzimmer zu sein, und Fritz schaute ihm »still und gedankenvoll« bei der Arbeit zu. Nietzsches spätere Leidenschaften sind die des Vaters: »studieren« auf eigene Faust und »phantasieren« am Klavier oder auf dem Notenpapier, lustvolles Träumen beides. Nur daß dem Vater die Empörer-, die Umsturzleidenschaft fehlte, die seinen Sohn zum welthistorischen Ereignis machte. Er blieb, wie mancher Frühverstorbene, edel in der Erinnerung, der gute Mensch von Röcken, entschwindend in einer blassen Aureole. »Zart, liebenswürdig und morbidös«, so hat ihn Nietzsche in »Ecco homo« beschrieben, in einer Selbststilisierung, die seine, Nietzsches eigene Vornehmheit, seinen Zugang zu einer »Welt hoher und zarter Dinge«, genetisch erklären sollte. Was er an Vorrechten vor anderen genieße, sei von dorther, von Vaters Seite, zu erklären. Freilich »das Leben, das große Ja zum Leben *nicht* eingerechnet.«

Vornehm, ja, hatte der Vater nicht im Altenburger Schloß vier Prinzessinnen unterrichtet, von denen eine Königin von Hannover, eine Großherzogin von Oldenburg, die dritte eine russische Großfürstin geworden und nur die vierte in Altenburg geblieben war? So zählte der Sohn sie auf, als ob diese Erhöhungen die unmittelbare Folge von Ludwig Nietzsches Privatunterricht gewesen wären.

Aber andererseits, von der nervösen Erschöpfung schreibend,

die ihn heimgesucht habe, entdeckt er auch da Genetisches: Der Vater sei an Folgeerscheinungen des Gesamtmangels an Lebenskraft gestorben – und beinahe er auch (Brief an Overbeck vom 4. Juli 1888).

Schließlich war des Vaters Tod auch schuld, daß der junge Fritz »nicht ganz so lustig und wild« war wie die Kinder sonst. So hat er es selbst niedergeschrieben, in dem 30 Druckseiten langen Lebensbericht (»Aus meinem Leben, I. Die Jugendjahre – 1844–1858«), den er noch nicht vierzehnjährig, in den Sommerferien 1859, ernst wie ein Siebzigjähriger verfaßte. Die Mitschüler, so berichtet er weiter, neckten ihn wegen seines Ernstes, und er selbst habe sich am wohlsten in der Einsamkeit befunden, »wo ich mich ungestört mir selbst überlassen konnte«.

Schwester Elisabeth brachte es auf den Punkt. Als die Großmutter Oehler einmal besonders zärtlich zu Fritz und ihr war, beklagte sich eine von deren Töchtern, so zärtlich sei sie zu den eigenen Kindern nie gewesen. Darauf die Großmutter: »Ihr wart auch nie so artig wie Fritz und Elisabeth!«

Elisabeth ist ihr langes Leben hindurch »artig« geblieben, der Naumburger Tugend ergeben. Zugleich ist sie ein Musterbeispiel dafür, zu welchen krummen Stücken die Tugend fähig ist. Nietzsche jedenfalls schrieb: »Es ist wirklich eine recht bösartige Person geworden, ein Brief voll giftiger Verdächtigungen meines Charakters, den ich von ihr im Januar erhielt ..., hat mir nun hinreichend Klarheit gegeben – *Sie muß fort nach Paraquay*« (an Overbeck, Ende April 1884).

Sie reiste wirklich nach Paraguay – aber sie kam wieder. Sie überlebte – offenbar als Nachkomme der vitalen Oehlerschen Sippe – ihren wenig älteren Bruder um 37 Jahre, und ihres Bruders »Wille zur Macht«, den sie edierte, war ihr auf den Leib geschrieben, einschließlich jenes geschichtsträchtigen Momentes, wo der »größte Führer aller Zeiten« sie als die würdige Nachfolgerin des Wegbereiters in Weimar besuchte.

Sicher ist, daß die Naumburger Artigkeit, der Naumburger Anstand, das Milieu, in dem das *comme il faut* unbarmherziger herrschte als das Wort Gottes, in dem kleinen artigen Knaben in den stillen Stunden seiner Einsamkeit jene Phantasien hat wachsen und wuchern lassen, die sich zuerst als kleine Unarten und am Ende als eine neue umstürzende Philosophie enthüllten.

Ein Witz scheint es, daß ausgerechnet die wohlangepaßte Elisabeth dieser Philosophie zum Leben und zur Verbreitung verhalf. Oder doch nicht ganz: denn Nietzsches Philosophie, diese Todfeindin der Christlichkeit, wurde im Lauf des 20. Jahrhunderts ihrerseits *comme il faut*.

2. Kapitel

Knabe mit Feuer und Schwert

Das Kind war artig, der Knabe brav. Er blieb es bis über die Pubertätszeit hinaus. Man kennt den Typ: die Leseratte, die sich in ihr Kämmerchen zurückzieht, dem Turnunterricht aus dem Wege geht, vor allem anderen seine Ruhe haben will, nur mit ausgesuchten Freunden verkehrt, die genauso still und Büchernarren sind wie er.

Unser Fritz wechselt zwar vom Elternhaus ins Internat, von den tugendhaften Frauen von Naumburg zu den strengen Lehrern in Schulpforta, aber an den guten Vorsätzen, dem Schülerstreben nach Lob und guten Noten ändert sich nichts. Pforta ist einmal ein Zisterzienserkloster gewesen. Daran erinnert der Name, denn das Kloster war die Pforte, um gleich in den Himmel zu kommen. Dann wurde Schulpforta daraus, und zur mönchischen Askese trat der Schuldrill, der um ein Haar dem militärischen glich. Um vier in der Früh wurde geweckt, um fünf *mußte* man aufstehen, zehn Minuten waren fürs Waschen vorgesehen, um halb sechs war Gottesdienst mit genauer Anwesenheitskontrolle. Dann wechselten Unterrichtsstunden mit Repetierstunden, gelernt wurde bis abends, um neun war Schluß. *»Septem horas dormire sat est seni iuvenique«,* hieß der Spruch, mit sieben Stunden Schlaf kommen Greise und Jünglinge aus. Mittags gab es unweigerlich Rindfleisch und Gemüse, sonntags Braten, abends Suppe und Butterbrot. Wer sich dem Drill nicht fügte, flog.

Nietzsche hat sich gefügt – nicht nur in Schulpforta, sein

Leben lang. Es gibt so gut wie keine Ausbrüche, Zusammenstöße, Gewaltsamkeiten in seinem Leben. Er schluckte Zorn, Empörung, Wut in sich hinein. Er begehrte nicht auf – zuerst als Professor und Gymnasiallehrer an einer kleinen Universität, mit wenig Studenten und bescheidenem Gehalt, dann früh in den Ruhestand versetzt als Rentner und Privatgelehrter.

In Schulpforta protestierte seine Klasse einmal mit Getrampel. Der Schüler Nietzsche fand, die Trampel-Anstifter sollten sich freiwillig melden. Einmal – er war als älterer Schüler eine Aufsichtsperson geworden, ein »Inspektor«, wie es in Schulpforta hieß – machte er eine scherzhafte Bemerkung über die Ölfunzeln im Hause; prompt verlor er seinen Platz als Primus und wurde zum Dritten heruntergestuft. Einmal – und das ist schon das Ende seiner schulischen Schandtaten – trank er auf einen Schlag vier Seidel Bier und war nachher so zerknirscht, wie man das von einem braven Knaben erwartete.

Jedermann nahm an, er würde Pfarrer werden wie seine Vorfahren und Verwandten. Die fromm verkleidete Welt war für ihn die Welt schlechthin, selbst in den Ferien war der Junge im Pfarrhaus einquartiert. Seine Aufsätze, seine Verse, seine Kompositionen waren überwiegend fromm. So dichtete er:

Wenn so die Glocken hallen
geht es mir durch den Sinn
Daß wir noch alle wallen
zur ewgen Heimat hin.

Da in Schulpforta auch die Männlichkeit gepriesen wurde, übten sich die Knaben im Schwimmen. Nietzsche war ängstlich, aber scheute die Blamage. Er machte die »Schwimmfahrten« mit, die Saale hinunter. Man schwamm im Karree, wie man im Karree marschierte. Wie das Schwimmen absolvierte er das Beten, auch als ihn längst Zweifel befallen hatten. Seine Abgangsnote im Fach Religion war vorzüglich.

So sehen wir ihn am Ende auf einer Photographie, als Abiturient und Studiosus, ernst blickend, pfarrerhaft, mit den großen

Augen und dem starren Blick, den Schwester Elisabeth mit ihm teilt, wohldressiert, das halblang fallende Haar sauber zurückgekämmt. Er würde seinen Weg gehen, im Einklang mit Thron und Altar, und am Ende vielleicht zum Superintendenten aufsteigen wie der Großvater.

Oder deutet auf der Aufnahme, die »um 1864« datiert ist, die unter dem zweiten Knopf unter den Gehrock geschobene Hand Napoleonisches an? Eigentlich ist er zu brav dazu. Wenn überhaupt etwas Widerspenstiges an ihm auszumachen sein sollte, dann muß es in den Details stecken. Da ist eine Kleinigkeit: die verschrobene Rechtschreibung des Jungen. Warum zum Teufel schreibt er hartnäckig pf, wo ein ph stehen muß – also zum Beispiel »Propfet«, »Josepf«, »Nympfen« und sogar, mit zweimal »pf«, »pfilosopfisch«? oder »Hecktor« statt »Hector« (wie man damals latinisierte)?

Natürlich schlug auch das Sächsische durch, der Dialekt, der das Dativ-m partout nicht mochte. Bedenkt man die sonstige Musterhaftigkeit des Schülers, so mag man durchaus darin eine Art bockiges Bestehen auf dem eigenen Recht gegenüber einer von höherer Stelle verhängten Rechtgläubigkeit sehen. Aber war es nicht, statt das System anzufechten, besser, gleich die höchste Stelle in ihm zu erringen, die, wo alle anderen *ihm* folgen müßten? So muß man das Marschlied lesen, das er im Dezember 1858, mit vierzehn, verfaßt hat. Zum Marschieren – diesmal steigen die Jungen zur Schönburg hinauf – gehörte das Zechen am Schluß (auch wenn es nur Limonade war). Er aber, Fritz Nietzsche, denkt:

Wie sind sie dumm,
Daß sie die Burg ersteigen
Den Keller 'nen Dienst erzeigen
Die vollen Fässer leeren
Und den Gott Bachus ehren
Und was am schönsten von allen
Mir ganz allein überlassen

Sie mögen dort in den Hallen
Nur zechen bis sie umfallen.
Ich übe mein Herrscheramt.

Auf diesen Vers läuft das ganze Gedicht zu, mit ihm hört es unversehens auf. Die und ich, der Pöbel und der Herrscher, der Keller und der Turm, das Faß und das Zepter. Die Phantasie stattet ihn mit dem Zepter aus.

Das ist nicht nur ein schnell weggewischter Traum. Eine richtige Miniaturmonarchie schafft er sich schon, mit Hilfe der beiden Freunde Gustav und Wilhelm. Sie begründen – er begründet mit ihnen – den Verein »Germania«. Der Verein mit dem damals keineswegs auffallenden patriotischen Namen soll der Kultur dienen: mit Vorträgen und Kompositionen. In der Satzung steht, daß von jedem Mitglied im Jahr 25 Titel vorgelegt werden müssen, zwei im Monat. Nicht schlecht.

Aber im September 1862, zwei Jahre nach der Gründung, kommt das große Donnerwetter. Nietzsche, jetzt Präsident des Vereins, beklagt, »daß ein Verfassungsbruch geschehen ist, daß die Heiligkeit der Statuten verletzt, daß die Germania in innerer Zerstreuung, Zerrissenheit und Apathie fast zugrundegegangen wäre«. Gustav hat es nur zu 18, Wilhelm nur zu 16 Einsendungen gebracht. Fritz übt sein Herrscheramt. Zehn Beschlüsse werden neu gefaßt, Amnestie wird zwar gewährt, aber für die Zukunft ein Strafgeld von 2½ Silbergroschen festgesetzt. Darunter steht: »FW Nietzsche Präsident der Synode VI.«

Allen Ernstes verglich der halbwüchsige Präsident den Niedergang der »Germania« mit den Entartungen der Reformation und der Französischen Revolution. Das läßt die Dimensionen seiner Phantasie erkennen: Auch die »Germania« war ein deutscher Neuanfang, wie die Reformation, die drei handelten im höheren Auftrag, Fritz hätte der neue Luther sein können. Weltgeschichte stand ins Haus. Nun, nachdem sie ihr Soll nicht erfüllt hatten, war ihre »Verdumpfung und Versumpfung« festzustellen, aus der nur ein Reinigungsprozeß herausführen würde. Waren nicht auch die Mitschüler versumpft, als sie im Keller die Fässer leertranken, statt auf der Zinne zu stehen und Ausschau nach dem Morgenrot zu halten? Der Turm hatte es symbolisch in sich. Der kleine Präsident plante für seine »Germania« ein jährliches Fest auf der Rudelsburg. Die Beiträge sollten künftig auf dem Turm, vom Turm aus verlesen werden. Den beiden anderen mißfiel dieses Hochgemute offenbar, die Germania schlief ein.

Der kleine Pastor, der später ein großer wird, wenn auch auf seine Weise, hat jetzt schon großes im Sinn, Lutherisches, läßt sich vermuten. War nicht auch damals die Kirche verdumpft und versumpft? Aber hat nicht Luther zurückstecken müssen wegen der Fürsten? Es gehört also das Herrscheramt zur Reform dazu. Das träumt schon der Zehn- oder Elfjährige, der »ein neues Stück« verfaßt, mit dem Titel »Das Königsamt«.

Was für ein Drama kann ein Junge von zehn oder elf Jahren schreiben? Aufgeschnappte Sätze der Großen, keine zwei Druckseiten, wenn auch sechs Akte lang. Eine Wirrnis von Figuren: ein König, ein Thronfolger, eine Herzogin, die aus Versehen »Frau Gräfin« angeredet wird, vor allem aber Soldaten: »Sie durchziehn die Stras(en) Heuser brennen und es wird getrommelt.« Die Hauptfigur Eichhorn war nach Schwester Elisabeths Auskunft das Porzellanfigürchen eines Eichhörnchens, in Wirklichkeit der Name des Kultusministers vor der Revolution von 1848, eines frommen Mannes, der im Auftrag des Königs Friedrich Wilhelm IV. die »Erweckung« des Protestantismus durch eine neue Synodalverfassung vorantreiben sollte. Der Vater Pfarrer wird auf ihn gehofft haben, und so bemächtigt sich die kindliche Phantasie seiner Gestalt, schlüpft in sie hinein: Eichhorn, lange »vereist«, wie das Kind »verreist« schreibt, kommt als Bettelmann zurück. »Freut euch Eichhorn ist wieder da«, hört das Stücklein auf, »und wird wieder alles ins Rechte rücken«, darf man es ergänzen.

Viele Kinder träumen solche Geschichten. Nur dieses Kind schreibt seine Phantasien auf. Im Schreiben erst gewinnt es

Macht. In einer anderen, diesmal komischen Phantasie findet es den Schlüssel, mit dem es in die Erde steigen kann, und »alle Kinder mir thun weichen« ... Ja, das wäre schön.

Man braucht derlei nicht zu ernst zu nehmen. Kinder, die nichts zu melden haben, träumen gern, daß sie alles entscheiden dürfen, malen sich Machtvollkommenheit und drakonische Strafsysteme aus. »Wer von einen Regiment in das feindlich übergeth wird erschoßen«, das ist halt im Krieg so. So schreibt das eher zarte Knäblein am liebsten Martialisches. Als er neun wird, erklärt die Türkei Rußland jenen Krieg, der in die Geschichte als »Krimkrieg« eingeht; als er zehn wird, beginnt die Belagerung von Sewastopol. Alle Kinder auf der Welt spielen die Kriege, die gerade stattfinden, nach. Nachspielen heißt vor allen Dingen: raufen, sich prügeln, wer ist der Stärkere? Fritz entfaltet statt dessen eine großangelegte Schreiberei. Er schreibt über Festungswesen, »mit 4 Abbildungen einen Register«, er legt ein Lexikon an, von »Außenwerke« bis »Zerstörung«, dann plant er eine »Kriegs Kronik«, schreibt ein Kriegslied, beginnt ein »Festungsbuch«.

In der Schilderung seiner »Jugendjahre«, die er mit vierzehn verfaßt, erzählt er von den Kriegsspielen mit den Freunden, mit Bleisoldaten und Baukästen. Aber dabei blieb es nicht. Wälle wurden aufgeworfen, ein Bassin gegraben, eine Menge Kugeln von Pech, Schwefel und Salpeter waren geformt worden und wurden »angebrannt« auf die papierenen Schiffe des Feindes geworfen. »Bald loderten helle Flammen ... und wahrhaft schön war es, wenn ... die feurigen Kugeln durch das Dunkel saußten.« Bei diesen Spielen, so erzählt er weiter, schlugen die Flammen oft »zwei Fuß hoch«. Als ob die Mutter Nietzsche derlei erlaubt, solche Allotria bezahlt hätte!

Auch die abendliche Schlacht mit Pech, Schwefel und Salpeter ist eine Ausgeburt der Phantasie – eine, die einen besonderen Zugang zum Innenleben des braven Knaben liefert. Er ist ein Feuernarr und ein Gewitterheld. Seine ersten Gedichte, so erzählt der Dreizehnjährige über den Zehnjährigen, hatten »grauenhafte Seeabenteuer, vor allem aber Gewitter mit Feuer« zum Inhalt. Zum Beispiel so:

Sehet da des Blitzes Strahl
Der dort in das Haus hineinfuhr
Aus der Wohnung Rauch aufwallt
Auf den Straßen herrscht Aufruhr.

Oder so:

Eine lichte Feuersäule
Steiget jetzo rasch empor
Und nur Balken, Bretter, Masten
wirft die feurig Maß' empor.

Etwas tiefer blicken wir, wenn wir den Bericht des Siebzehnjährigen an seine Schwester – der er imponieren will – lesen. Mit der Mutter war er zu einem Konzert auf der Rammelsburg gewesen. Auf dem Nachhauseweg werden sie von einem »ziemlich großartigen« Gewitter überrascht. Danach waten sie durch den »ungeheuren Schmutz« und langweilen sich dabei, bis – man möchte hinzufügen: Gott sei Dank – »ein neues Wetter uns überfiel, und wir Arm in Arm, umleuchtet von den grellsten Blitzen recht gründlich durchnäßt wurden«. Die ganze Geschichte, so die Bilanz, »etwas lebensgefährlich«, ihn aber in die beste Laune versetzend. Da haben wir ihn ganz: entfesselte Naturgewalten, und er, der jugendliche Held, ihnen trotzend, sie herausfordernd, aber der Prahlerei vorbeugend mit »ziemlich« und »etwas«. Schmutz ist langweilig, Blitze sind grell und großartig, dem Wetter standhalten ist kühn.

Um die gleiche Zeit, im Juli 1861, schreibt der Schüler Nietzsche einen Aufsatz über den Ostgotenkönig Ermanarich und kommt auf die altnordischen Nibelungenlieder zu sprechen, die »wie himmelragende Felsen dastehn, ureigen in ihrer Titanenkraft«. »Wie ein Blitz« fällt jedes Wort »gewaltig, bedeutungsschwer«. Es sind, so fährt unser Jüngling fort, die »furchtbar erhabensten Dramen, die je gedichtet wurden«, die darum auch »in ihrer Gewalt den Zuhörer niederschmettern«, blitzartig, versteht sich. Von da ist nur ein Schritt zur Götterdämmerung, »wo die Sonne schwarz wird, die Erde im Meer versinkt, wo Glutwirbel den allnährenden Weltbaum umwühlen, und die Lohe den Himmel leckt ...« Ja, »sie ist die grandioseste Erfindung, die je das Genie eines Menschen ersann.« Eine merkwürdige Schwärmerei, und der Schüler Fritz Nietzsche, selber in den Sturm-und-Drang-Jahren der Pubertät, versucht sich darüber Rechenschaft zu geben: Der Norden zieht alles »in das Schreckliche, Wilderhabene, Mysteriöse«, während Deutschland in historischer Helle und Menschlichkeit liegt. »Wilderhaben« schreibt er als *ein* Wort; später kommt noch »wildkühn« dazu. Der Siebzehnjährige billigt Helle und Menschlichkeit, aber nur das Wilde fasziniert ihn. Er zitiert den »schönen, urnordischen Gedanken«:

> Schön stritten wir; wir sitzen auf Leichen
> Von uns gefällten, wie Adler auf Zweigen ...

Ihm gefällt Held Erp, »wie er mutig auf Rosses Rücken spielt, wie ihm gerade die schwierigste Aufgabe, das Kopfabhauen, übergeben ist ...«

Der Aufsatzschreiber Nietzsche hat sich solche Sätze nicht aus den Fingern gesogen. Wagner, der als Schicksal in sein Leben treten würde, arbeitete am Nibelungenstoff, »die Götter gingen unter, Walhall brannte« (Martin Gregor-Dellin), Hebbel schloß seine Nibelungentrilogie ab.

Der Alltag war bürgerlich-friedlich; darum mußte die Natur nicht mehr bloß romantisch sein, sondern sich davon abheben, »wildromantisch«, und die Geschichte lieferte das wollüstige Grauen, das die Gegenwart versagte. Nietzsche erfand das »Wildkühne« nicht, aber er genoß es. Auch Schopenhauers Pessimismus verbreitete sich damals epidemisch, als ob sein großes Werk nicht 1819, sondern zu Beginn der fünfziger Jahre erschienen wäre. Im Zusammenhang mit seiner Philosophie, der der Student Nietzsche, inzwischen einundzwanzigjährig, sich angeschlossen hat, erlebt er noch einmal, diesmal gewissermaßen von ihm selbst inszeniert, ein großes Gewitter:

> Gestern stand ein stattliches Gewitter am Himmel, ich eilte auf einen benachbarten Berg . . ., fand oben eine Hütte, einen Mann, der zwei Zicklein schlachtete, und seinen Jungen. Das Gewitter entlud sich höchst gewaltig mit Sturm und Hagel, ich empfand einen unvergleichlichen Aufschwung und ich erkannte recht, wie wir erst dann die Natur echt verstehen, wenn wir zu ihr aus unseren Sorgen und Bedrängnissen heraus flüchten müssen. Was war mir der Mensch und sein unruhiges Wollen! Was war mir das ewige »Du sollst!« »Du sollst nicht!« Wie anders der Blitz, der Sturm, der Hagel, freie Mächte, ohne Ethik! Wie glücklich, wie kräftig sind sie, reiner Wille, ohne Trübungen durch den Intellekt!

Bekanntlich gehört es zur Beethoven-Legende, daß er trotzig durchs Unwetter gestapft sei. Sicher hat der Schüler Nietzsche Goethes »Wanderers Sturmlied« und »Prometheus« gelesen. So läßt er sich jetzt furchtlos auf Sturm und Hagel ein. Auch beim Blutvergießen schaut er nun zu, der Mann mit den zwei Zicklein bezeugt auf seine Weise die wilde freie Natur. Und überdeutlich bekennt er sich gegen die eigene Zähmung, gegen Naumburg und Schulpforta, gegen Ethik und gegen Intellekt. Man darf die Szene ruhig etwas theatralisch finden. Wenn schon sonst kein Aufruhr stattfindet, dann tröstet wenigstens der Aufruhr der Elemente.

Ob er wirklich so mir nichts dir nichts auf den Berg Leusch hinausgeeilt ist? Solcherlei federleichte Bergbesteigungen schafft man eigentlich nur im Traum – oder in der Phantasie. Ist sie, wie bei den Kugeln aus Pech und Schwefel, mit ihm wieder einmal durchgegangen? Lebt er, in der Schule wie auf der Universität, ein zweites Leben neben dem bürgerlich-gelehrten?

In der stürmischen Zeit, in der er sich einmal betrinkt und sich einmal verliebt, in der er sich häuslichen Ärger einhandelt, weil er Mutter und Tante mit »liebe Leute« anredet, mit siebzehn also spielt ihm seine Phantasie einen anderen Streich, der für seine Zukunft weittragende Folgen hat: Er erfindet sich polnische Vorfahren. Dokumentarisch belegt ist dieser Jugendeinfall nur einmal, in scherzhaftem Zusammenhang, in einem Brief an den früheren Mitschüler Raimund Granier, der »FWv-Nietzky« unterzeichnet ist. Aber Elisabeth bestätigt und entschuldigt die Marotte: Diese polnische Abkunft der Nietzsche sei eine Familientradition gewesen, in der ein polnischer Edelmann eine Rolle spielte, der mit neunzig Jahren noch im Galopp durch die Lande geritten sei.

Polnischer Adel, das hieß Ungebärdigkeit. Hatte nicht im polnischen Ständeparlament jeder einzelne Graf oder Baron sein Vetorecht gehabt? Als er sich später seinen wilden, buschigen Schnurrbart wachsen ließ, dieses Attribut, das bis heute seine Physiognomie bestimmt, sein Bild unverwechselbar prägt, war das so, als ob er gegen all die professoralen Bartträger und Glattrasierten um sich herum die Flagge des Widerstandes hißte. Aber dieses Bekenntnis zu einem seit dem Aufstand von 1831 als wild-heroisch ausgezeichneten Volk hatte einen breiten Kontext in dem, was er sich damals dichtend und komponierend ausdachte, als Aufsatz, als Ballade, als Symphonie, als Oper, vor allem mit der Mittelpunktfigur des Gotenkönigs Ermanarich. Ermanarich war zwar ein alter Germane, aber es machte dem jungen Dichter-Komponisten Nietzsche nichts aus, ihn in die wilde Landschaft Ungarns zu versetzen.

In aller Unschuld schrieb er über sein Bruchstück einer Ermanarich-Symphonie: »... Es sind keine Goten, keine Deutschen, die ich gezeichnet, es sind – ich wage es zu behaupten – Ungargestalten; der Stoff ist aus der germanischen Welt in die ungarischen Puszten, in die ungarischen Glutseelen getragen.« Aber auch Ungarn mußte es nicht unbedingt sein. Er schwankte, ob er sein Musikstück nicht »Serbia« nennen sollte, denn es gab schon Liszts »Hungaria«, und er wollte die Gefühlswelt eines slawischen Volkes mit seiner Komposition umfassen.

Warum, das macht eine Bemerkung deutlich, die seine Überarbeitung einer ersten Fassung betrifft: »Einzelne fehlende Momente habe ich eingefügt, insbesondere ist das Ende ziemlich ganz neu und seiner Wildheit noch bei weitem alles überbietend, was mir in der ersten Fassung vorlag.«

Die Wildheit lag in der Sache, denn die Glutseelen der Puszta waren eben noch nicht so zivilisatorisch gezähmt wie die zu Deutschen umerzogenen Germanen, und sie lag in der Form, die der Komponist dem Ermanarich-Stoff verlieh. Er rühmte seine eigenen kühnen Tonart-Übergänge und seine seltsamen Harmonien, »die sehr herbe und schmerzlich sind und mir anfangs durchaus mißfielen.« Das Drängen und Jagen der Leidenschaften, so der Autor selbst, strotze von harmonischen Ungeheuerlichkeiten: »Das Entsetzlichste ist der Sprung aus des dur in ffff f as ces d mit a im Baßtremolo.« »Abschreckend«, so ausdrücklich, liege das ganze Bruchstück vor ihm, abschreckend durch seine Wildheit und Herbe, und warte auf Lösung und Befreiung.

Das ist eine merkwürdige Form der Selbstkritik. Die Wörter »herb« und »schmerzlich«, »entsetzlich« und »ungeheuerlich«, »seltsam« und »abschreckend« enthalten das versteckte Lob des Regelverstoßes, der Abweichung vom Kanon und von der Klassik, die er mit vierzehn noch gegen die sogenannte Zukunftsmusik eines Liszt oder Berlioz verteidigt hatte. Die, so schrieb er damals, schüfen künstliche Perioden, eigentümliche Stellen, die möglicherweise den Kenner entzückten, aber »das gesunde Menschenohr« kaltließen.

Nun war er selbst unter die Modernen, die Wilden, gegangen, las Byron, übte sich im Weltschmerz, studierte den Materialismus und vergaffte sich in eine altmodisch-neuungarische Figur wie den mehr als hundertjährigen Ermanarich, der sich in die blutjunge Swanhild verliebte, der den eigenen Sohn als Nebenbuhler tötete und am Ende Swanhild zu Tode brachte, indem er sie von seinen Rossen zertreten ließ. Fürwahr wild auch dies!

Wie sehr dies alles aus einer Quelle floß, aus dem untergründigen Entzücken an Blutvergießen und Feuersglut, an Blitz und

Donner, an Lohe und Strudel, Nebelmeer und Wolkenheer, illustriert das Ermanarich-Gedicht, das in den ersten Monaten des Jahres 1862 entstand.

Die Szenerie könnte »Wilde Alpenlandschaft« überschrieben sein, Bach und Tannen:

Blutwolken drüber, fahle Glut
Strahlt wieder aus der raschen Flut.
Rings schwüler, dumpfer Todesbroden.

Bald sind auch die unheilkündenden Vögel zur Stelle, Raben »rot betaut«. Der Dichter fragt sie:

O kündet ihr das Weltenlohen,
Der Götterdämmrung schwüle Pracht,
Daß euer Krächzen in den hohen
Waldwipfeln schreckt die Mitternacht?

Nun folgt, mit anschwellenden Registern, sich zu jenem Fortissimo steigernd, das er für seine »entsetzliche« Musik gerne vorsah, das große Tableau von Sturm, Blitz und Donner, die wiederum vorbereiten auf die Heldenfigur des einsamen Königs Ermanarich. So gut wie Uhland oder Heine oder Lenau schafft er das schon!

Die Wolken ballen sich zusammen,
Schwarz mischt sich mit den fahlen Flammen.
Und wie das wüste Nebelmeer
Emporschäumt, aufgeweckt vom Traum,
Da wogt ein Sturm von Tönen her,
Erst leise, dumpf, vernehmbar kaum,
Dann näher brausend, donnerrollend,
Mahnt er den schlummernden Orkan,
Der tobt heran und schreitet grollend,
vom Blitz erleuchtet, seine Bahn.
Und wie die grelle Lohe lacht,
Und wie die Tanne jäh zerkracht,

Und wie vom Himmel Ströme fluten,
Des Gießbachs Wirbel wilder struten:
Da tönet aus dem Waldtals Nacht
Unheimlich einer Stimme Macht.
Auf einer Klippe, schroff aufsteigend,
Steht drohend, rasend, vor sich neigend,
Die Hand emporgestreckt zum Fluch,
Die Züge wild, das Haar schneeweiß,
– Das Haar, das eine Krone trug! –
Da steht ein königlicher Greis.
Des düstern Auges wildes Rollen
Es lodert in den Blitzen fort.
Horch! In der Elemente Grollen
Tönt dröhnend nun sein Donnerwort.

Ist dies alles als pubertäres Phantasiespiel abzubuchen? Oder als erstes Versemachen im Geschmack der Zeit: Liszts mit seiner »Hunnenschlacht« und seinen »Ungarischen Rhapsodien«, Lenaus mit seinen »Drei Zigeunern«, selbst der Droste auf ihrem sturmumtosten Turm, und alle überbietend Wagners mit seiner in der »Götterdämmerung« endgültig triumphierenden Weltenbrand-Vision?

Wer Nietzsche weiterliest, weiß, daß die Wildheit dieser Jugendträume die Konstante des Mannesalters bleibt und als Offenbarung seiner letzten Schaffensperiode überwältigend hervortritt.

So muß man den ersten Abschnitt der Schrift »Der Antichrist« lesen, die Nietzsche am 30. September 1888 abschloß, ein Vierteljahr vor dem, was in der Literatur über ihn der Ausbruch seines Wahnsinnes heißt. Da wird der Zustand beschrieben, in dem Nietzsche und die Seinen (»Wir Hyperboreer«) sich früher einmal befanden. »Wir waren tapfer genug, wir schonten weder uns noch andere: aber wir wußten lange nicht, *wohin* mit unserer Tapferkeit. Wir wurden düster, man hieß uns Fatalisten. *Unser* Fatum – das war die Fülle, die Spannung, die Stauung der

Kräfte. Wir dürsteten nach Blitz und Taten ... Ein Gewitter war in unsrer Luft, die Natur, die wir sind, verfinsterte sich – *denn wir hatten keinen Weg.*«

»Blitz und Taten« werden in einem Atem genannt: Der Blitz zerstört und reinigt. Zu zerstören ist, was er zunächst widerwillig, sich vergewaltigend, ertragen und dann abgeschüttelt hat: das Christentum. Die Taten sind das Aufbauende, die neue Wertsetzung. »Der Antichrist« ist in Nietzsches Plänen nur das erste von vier Büchern; zwei und drei rechnen mit der bisherigen Moral und der bisherigen Philosophie ab. Buch vier bringt dann, nach dem Gewitter, die neue Philosophie. Sie ist die Philosophie von der Ewigkeit der Erde, von der Ewigkeit des Lebens, und dieses vierte Buch ist »Dionysos« überschrieben.

3. Kapitel

Jüngling, mit Welten spielend

Die Bravheit des Schülers F.W. Nietzsche in Schulpforta ist nicht Fassade, sondern Habitus, zweite Natur. Aus unzähligen Ermahnungen, Ratschlägen, Geboten und Verboten der Mutter und der Lehrer ist es ihm in Fleisch und Blut übergegangen und hat sich in unzähligen frommen Aufzeichnungen, gottwohlgefälligen Betrachtungen, in Chorälen und Motetten nach außen dokumentiert. Es geht ihm leicht von der Hand, fromm und flüssig.

Erst als er siebzehn ist, wird diese zweite Natur zwar nicht abgestreift, aber doch erheblich beschädigt. In ihm brodelt es, der Zweifel meldet sich so radikal, wie es vorher der unanfechtbare Glaube war. Dazu kommen neue Lehrer, neue Freunde, neue Bücher. Aufs strenge Internat abgestellte Tunichtgute geben sich weltmännische Allüren, wissen über alles Bescheid, und der kleine Pastor hört nun ihnen zu, will ihnen imponieren. Einer namens Granier muß wieder abgehen. Nietzsche hat sich mit ihm gut verstanden, Granier wird sein Briefpartner, ihm schickt er sein Verborgenstes. Granier hebt es als Kuriosum auf, und eines Tages wird es als Kostbarkeit, als ein unbekannter Text des jungen Nietzsche, entdeckt. Es ist ein ruchloses Phantasiestück, der Verfasser könnte Schillers Franz Moor sein. Der Bösewicht, der da berichtet, heißt Euphorion; Goethe hat im zweiten Teil des Faust Byron unter diesem Namen versteckt. Euphorion hat eine Geliebte: »Früher war sie Nonne, dünn und schmächtig – ich war Arzt und machte, daß sie dick wurde. Mit ihr wohnt ihr Bruder zusammen in zeitlicher Ehe, der war mir zu fett und blühend, den habe ich mager gemacht – wie eine Leiche. Er wird in diesen Tagen sterben – was mir angenehm – denn ich werde ihn sezieren.«

Was es auch Bös-Widerwärtiges gibt, Sakrileg, Inzest, Mord, knallt der pubertäre Jüngling wie Trümpfe auf den Tisch. Der Arzt, versteht sich, ist ungläubig, ein zynischer Mediziner, und die Ehe zwischen Bruder und Schwester ist überdies »zeitlich«, das, was man damals »wilde Ehe« nannte, und es ist im Blick auf spätere Entwicklungen seltsam genug, daß der Professor Nietzsche, selbst mit Stolz Immoralist, eines Tages mit der von ihm umworbenen Jüngerin Lou von Salomé eine solche »zeitliche«, nämlich zweijährige Ehe planen wird.

Bemerkenswert ist, wie unsinnlich diese forciert »unanständige« Geschichte bleibt. Nietzsches Ausschweifung ist eine *Macht*phantasie, kalten Blutes, als Federübung, niedergeschrieben. Wiederum auf andere Art herausfordernd legt er dem »widerwärtigen« Novellenfragment ein erzfrommes Lied bei, ein Reuegedicht, als ob er die Sünde »Euphorion« damit abbüßen wolle:

Ich war verloren,
Taumeltrunken,
Versunken,
Zur Höll' und Qual erkoren . . .
Ich fühl' ein Grauen
Vor der Sünden
Nachtgründen
Und mag nicht rückwärts schauen.

Er ruft das »lieb Sünderheilandsbild« an. So weit schlägt das Pendel aus. Kirchenlieder seien ein Genre, dessen Pflege Granier bei ihm kaum vermutet haben dürfte, schreibt er dem ungläubigen Freund. Er legt noch ein weiteres Gedicht bei, in dem ein Röslein blüht und von einem Knaben geküßt wird, und dieses Stück bezeichnet er – prahlerisch? – als »Selbsterlebnis«. Ganz verschleiert, ins Balladeske entrückt, kündigt sich da an, daß der unermüdlich schreibende und komponierende junge Mann auch Liebesträume hat.

Einen Monat nach dem Brief an Granier teilt er der Mutter mit, er gehe nach Naumburg zurück, »um dort ein ganz stilles Leben ohne alle Musik und sonstige Aufregung zu führen«. Da sucht er die Kindheit wieder, die unwiderruflich verloren ist.

Aus dem vielen und meist Unerheblichen, was er in diesem Jahr zwischen siebzehn und achtzehn geschrieben hat, ragt der Aufsatz über »Fatum und Geschichte«, auf 16 Quartseiten in den Osterferien 1862 geschrieben, als ein frühes Meisterwerk weit heraus. Hier meldet sich zum erstenmal der Philosoph in der Gestalt des Knaben, unsicher, tastend in der Kühnheit, mit der eigenen Meinung gegen zwei Jahrtausende Überlieferung, gegen eine ganze »große Schar geistreicher Männer« anzutreten. Er nennt es Vermessenheit und fiebert vor Stolz, daß er es wagt. Dann wieder zuckt er zurück, weil »schmerzliche Ereignisse, traurige Erfahrungen« das Herz zum alten Kinderglauben zurückführen. Er erfährt, was Religion ist: Trost und Halt in schlechten Zeiten.

Unerhört ist, daß dieser Grünschnabel, dieser Dichterknabe bewußt die *historische* Perspektive wählt: David gegen den Goliath der zweitausend Jahre Christentum. Der damals um sich greifende Unglaube, der auch vor der altehrwürdig christlichen »Pforte« nicht haltmachte, gründete sich auf den Fortschritt der *Natur*wissenschaften. Gerade 1859, und 1860 schon ins Deutsche übersetzt, war Darwins »Ursprung der Arten« erschienen und ließ keinen Platz mehr für übernatürliche Erklärungen. Dem Knaben Nietzsche war das bewußt, und er nennt die Naturwissenschaft zusammen mit der Geschichte die sicheren Grundlagen für den »Turm der Spekulationen«. Aber im Verlauf des Aufsatzes ist von der Naturwissenschaft nicht mehr die Rede, und wie im Titel dominiert im ganzen die Geschichte.

Was kann der Mensch gegen die Geschichte, was kann der freie Wille gegen das Fatum? Das ist die Grundfrage, die auch so gefaßt werden könnte: Was kann ich, ein noch nicht Erwachsener, ein Schüler in einem abgelegenen ehemaligen Kloster, ausrichten gegen eine Institution, die älter ist als der Staat und mächtig genug, der Zeit ihren Stempel aufzudrücken? Da stellt sich nun eine Schwäche eben dieses christlichen Gegenparts heraus: Er lehrt Ergebung in das Fatum, was Gott tut, das ist wohlgetan. Nach christlichen Grundsätzen – er fügt vorsichtshalber hinzu: »nach verkehrt aufgefaßten ...« – lassen sich Frauen und Männer auf eine entwürdigende Art von den Umständen leiten (»Frauen« setzt er an erster Stelle und meint vermutlich die Damen des Naumburger Haushaltes). Und der künftige Bekämpfer des Christentums als einer Sklavenreligion fährt fort: »Überhaupt sind ›Ergebung in Gottes Willen‹ und ›Demut‹ oft nichts anderes als Deckmäntel für feige Furchtsamkeit, dem Geschick mit Entschiedenheit entgegenzutreten.« Der Schlußsatz ist in der gleichen Tonart verfaßt: »Unter schweren Zweifeln und Kämpfen wird die Religion männlich: sie erkennt in sich den Anfang, die Mitte, das Ende der Religion.«

Ein Tatmensch, der da die Trompete bläst? Keineswegs. Freiheit des Willens, so lesen wir, ist nichts anderes als Freiheit des Gedankens. »Etwas anderes ist es, den Willen ins Werk zu setzen.« Das Vermögen dazu ist uns vom Schicksal zugemessen, so Nietzsche, der selber nie die mindeste Versuchung fühlt, als Handelnder in die Geschichte einzutreten, und der eben in diesem Aufsatz bezweifelt, ob es angesichts der Wandelbarkeit der Menschen je gelingen werde, Ideen wie den Kommunismus oder Sozialismus zu verwirklichen. Aber, so setzt sich dieser Gedankengang völlig überraschend fort:

> Sobald es aber möglich wäre, durch einen starken Willen die ganze Weltvergangenheit umzustürzen, sofort träten wir in die Reihe unabhängiger Götter, und Weltgeschichte hieße dann für uns nichts als ein träumerisches Selbstentrücktsein; der Vorhang – gemeint: der des Theaterstückes Weltgeschichte – fällt, und der Mensch findet sich wieder, wie ein

Kind mit Welten spielend, wie ein Kind das beim Morgenglühn aufwacht und sich lachend die furchtbaren Träume aus der Stirn streicht.

Kein Satz aus den frühen Schriften ist programmatischer als dieser. Keine Taten: In der Berufswahl tut er das Bequemste (oder Zweitbequemste, das erste wäre die von der Familie gewünschte Theologenlaufbahn gewesen). Er wählt als Studienfach, was in Schulpforta schon Hauptfach und tägliches Brot war: klassische Philologie. Er wird dank seiner Begabung und guter Beziehungen früh Professor, aber an einer kleinen Universität, von der er nie wegstrebt. Er heiratet nicht, hat keine Geliebte und keine Kinder. Er sucht für seine Schriften keine Verlage, sondern nimmt den ersten besten und, wie sich herausstellt, den schlechtesten.

Aber ein starker, die ganze Vergangenheit – nämlich zweitausend Jahre Christlichkeit – umstürzender Wille: Gelänge dieser Umsturz, so wäre das, was wir Weltgeschichte nennen und als aktive Kraft verstehen, nur ein langer Traum gewesen, ein Selbstentrücktsein. Wir würden endlich von der fatumartig bedrückenden Macht der Vergangenheit befreit und könnten, so wie ein Kind mit Bauklötzen spielt, aufrichtend und einreißend, mit der Welt, mit den Welten spielen. Auf die Götzendämmerung, das Ende des Christentums, würde das Morgenglühen einer neuen Epoche folgen.

1881, neunzehn Jahre später, wählt er den Titel »Morgenröte« für eine neue Schrift, die den »Feldzug gegen die – christliche – Moral« eröffnet. Da ist ein höchst verräterischer Satz zu lesen, der bekundet, was Nietzsche selbst statt der Tat als das Medium eines solchen weltumstürzenden und Vergangenheit auslöschenden Veränderungsprozesses erkennt: »Allen jenen überlegenen Menschen, welche es unwiderstehlich dahinzog, das Joch irgendeiner Sittlichkeit zu brechen und neue Gesetze zu geben, blieb, *wenn sie nicht wirklich wahnsinnig waren,* nichts übrig als sich wahnsinnig zu machen oder zu stellen ...« »Der große

Historiker aber wird ebenso wie der große Philosoph Prophet«, steht schon im Fatum-Aufsatz des Siebzehnjährigen. Mit sechsunddreißig weiß er den Preis: Wahnsinn. In dem Jahr, in dem er wahnsinnig wird (oder sich wahnsinnig macht oder stellt), wird er über Nacht berühmt, als der prophetische Verkünder der neuen Moral eines neuen Zeitalters.

Er wird – so schreibt er in der Vor-Wahnsinnszeit – die Weltgeschichte in zwei Hälften schießen (*vor* Nietzsche und *nach* Nietzsche), aber kein Schuß Pulver ist dazu vonnöten. Er denkt, schreibt und träumt, und siehe da, der Vorhang fällt über dem alten Stück, betitelt Weltgeschichte, und ein neues beginnt.

Um – noch einmal – mit Nachdruck zu unterstreichen, was die Kluft zwischen den das Christentum bekämpfenden Aufklärern der Zeit und dem jungen Burschen ausmacht, der in Schulpforta die künftige Mission ängstlich, ahnungsvoll und »tollkühn« ausmißt: Nietzsche will den alten Gott absetzen, um einen neuen (oder neue Götter) an seine Stelle zu setzen, einen neuen Äon zu begründen, eine neue Ethik zu verkünden. Dieses Gottes Prophet will er sein; und im Wahnsinn identifiziert er sich mit ihm. Nur wenn man dies als seine Lebenslinie versteht, deutet sich das eine Jugendgedicht wie von selbst, das undatiert auf einem Quartblatt gefunden wurde und als einziges – neben all dem Brav-Christlichen, das er sich bis zuletzt abrang – seine mit »Fatum und Geschichte« gewonnene Position bezeugt – und so in ein Gedicht umsetzt, wie er es später immer wieder in den Liedern des Prinzen Vogelfrei und zuletzt mit den Dionysos-Dithyramben philosophierend tut. Wenn man so will, ist »Fatum und Geschichte« trotz mancher Kindlichkeiten sein erstes philosophisches Werk, »Dem unbekannten Gott« seine poetische Umschrift. Hier der Text:

> Noch einmal eh ich weiter ziehe
> Und meine Blicke vorwärts sende
> Heb ich vereinsamt meine Hände
> Zu dir empor, zu dem ich fliehe,

Dem ich in tiefster Herzenstiefe
Altäre feierlich geweiht
Daß allzeit
Mich seine Stimme wieder riefe.

Darauf erglühet tiefeingeschrieben
Das Wort: Dem unbekannten Gotte:
Sein bin ich, ob ich in der Frevler Rotte
Auch bis zur Stunde bin geblieben:
Sein bin ich – und ich fühl' die Schlingen,
Die mich im Kampf darniederziehn
Und, mag ich fliehn,
Mich doch zu seinem Dienste zwingen.

Ich will dich kennen Unbekannter,
Du tief in meine Seele Greifender,
Mein Leben wie ein Sturm Durchschweifender
Du Unfaßbarer, mir Verwandter!
Ich will dich kennen, selbst dir dienen.

Das klassische Modell für den »unbekannten Gott« steht im 17. Kapitel der Apostelgeschichte. Paulus kommt nach Athen, diskutiert mit den griechischen Philosophen und redet vor dem höchsten Gerichtshof, dem Areopag. Er habe, so führt er aus, in der Stadt einen Altar gefunden mit der Aufschrift: »Dem unbekannten Gott«. »Nun«, fährt er fort, »was ihr nicht kennt und doch verehrt, das verkünde ich euch.« Es ist der christliche Gott. Wenn Nietzsche den Gott, den er anruft, den unbekannten nennt, so handelt es sich wieder, wie damals in Athen, um eine Ablösung: Der Gott, den er tief im Innern fühlt, hat noch keinen Namen, aber er weiß, es ist *sein* Gott.

Man kann die berühmten Verse zwar auch einfach als frommen Erguß, als pantheistisches Gedankengut frei nach Goethes Faust lesen (»Wer kann ihn nennen, wer bekennen: Ich glaub' ihn ...«). Aber damit unterschätzt man den tief erschütterten und aufgewühlten Jüngling, der dabei ist, seiner alten Religion, seiner allseits geplanten Berufung, seiner Geborgenheit in der Familie den Abschied zu geben. Am nächsten kommt man ihm vielleicht, wenn man einen Satz aus »Fatum und Geschichte« Wort für Wort nachliest: »Der freie Wille erscheint als das Fessellose, Willkürliche; er ist das unendlich Freie, Schweifende, der Geist.« Ob dieser Satz philosophisch klar, logisch haltbar ist, steht nicht zur Debatte. Wichtig ist: Er bezeichnet die Gegenmacht zum Fatum, jene also, die den erträumten Umsturz vollzieht. Wille und Welt-Geist können sich in höherer Einheit vermählen, Wille und Fatum sind zwei einander gewachsene Gegner. Ungefähr so, wie der Mensch in der alten Religion Gottes Ebenbild war, ist nun der unfaßbare, unnennbare Gott dem frei denkenden Menschen als Geist verwandt. Pantheistische Gedanken mögen da einfließen (»höhere Prinzipien ..., vor denen alle Unterschiede in eine große Einheitlichkeit zusammenfließen ..., alles einem ungeheuren Ozeane zuströmt ... vereinigt, verschmolzen, all-eins«), aber auch der Pantheismus wäre ein System, längst entwickelt, philosophisch eingereiht, und hier will ein neues Denken ohne vorgefaßte Meinung reifen. Eines Tages wird sich ein Name für diesen neuen Unfaßbaren finden: Dionysos.

Daß sich das neue Denken, der freie Geist, die Entfesselung von einer mehr als zweitausendjährigen Denk-Tradition schon in diesem Gedicht ankündigte, hat der reife und zum Schluß der dem Wahnsinn nahe Nietzsche seinen wenigen eingeweihten Lesern in Anspielungen verraten. In dem Versuch einer Selbstkritik, den er 1886 einer neuen Ausgabe der »Geburt der Tragödie aus dem Geiste der Musik« voranstellte, enthüllt er, das Publikum habe da »eine *fremde* Stimme« gehört, den »Jünger eines noch ›unbekannten Gottes‹«, der sich unter der Kapuze eines Gelehrten versteckt habe. Erklärend heißt es dann weiter: »Hier war ein Geist mit fremden, noch namenlosen Bedürfnissen, ein Gedächtnis strotzend von Fragen, Erfahrungen, Verborgenheiten, welchen der Name Dionysos wie ein Fragezeichen mehr beigeschrieben war ...« »Wie ein Fragezeichen«, das heißt versuchsweise, ausprobierend, als Chiffre. Nietzsche versucht dann eine zweite Umschreibung: »etwas wie eine mystische und beinahe mänadische Seele, die mit Mühsal und willkürlich, fast unschlüssig darüber, ob sie sich mitteilen oder verbergen wolle, gleichsam in einer fremden Zunge stammelt«.

Da meldet sich, was es auch kosten möge, ein neues Denken an, und wenn mit »mystisch« ein älterer Zugang zur Weltseele oder zum Weltgeist jenseits der Logik bezeichnet wird, so ist das mit »beinahe« vorsichtig eingeschränkte »mänadisch« dionysischneu. Mänaden, zu deutsch »Rasende«, sind ja jene schweifenden, alles Häusliche hinter sich lassenden Frauen, die dem Dionysos hingerissen folgten, »wild«, in Felle gekleidet und sich vom rohen Fleisch mit eigenen Händen gefangener Jungtiere nährend.

Das wilde Denken, das sich ahnend, assoziiernd, »schweifend« den konstruktiven Regeln der Wissenschaft entzieht und das mit Heidegger, Foucault, Derrida in der Philosophie des 20. Jahrhunderts neue Denkwege (»Holzwege« bei Heidegger) einschlägt, ist der erste Ausbruchsversuch Nietzsches. Ihm entstammen die großen Werke, die seine weltgeschichtliche Rolle bestimmt haben. Sehr viel später wagt er, sich auch der Wohlanständigkeit der Sitten zu entledigen, nicht nur ein »freier Geist«, sondern auch ein freier Mensch zu werden: Er zeichnet auf, was ihm an Kühnheiten einfällt, und er wird wahnsinnig, um endlich *wild* zu sein.

Ganz am Ende von Nietzsches Laufbahn steht der unbekannte Gott noch einmal auf, zuerst im Klagelied des Zauberers im »Zarathustra«, dann, noch mächtiger und unüberhörbarer, in den Dionysos-Dithyramben, in der »Klage der Ariadne«. Der Zauberer zuerst, Ariadne, die Geliebte des Dionysos, sodann, wird von einem gottähnlichen Wesen verfolgt, gejagt, gemartert, das »Unnennbarer! Verhüllter! Entsetzlicher!« und am Ende der ersten Strophe als »du – unbekannter Gott« angerufen wird. Nur an einer Stelle steht, leicht zu überlesen, die Adresse des Ungenannten, Unbekannten: »Gedanke!«

Als in dem Dithyramben-Gedicht Ariadne den namenlosen Jäger und Henker anfleht, nicht abzulassen, sondern mit allen Qualen, die er bereitet, zurückzukommen, und ihn mit den Worten »mein unbekannter Gott, Gott, mein Schmerz! mein letztes Glück!« anredet, blitzt es, und Dionysos wird in »smaragdener Schönheit« sichtbar. Nur fünf Verse hat dieser blitzerhellte, blitzende Gott zu sagen. Der erste Vers heißt: »Sei klug, Ariadne!« Der letzte, der Schlüsselvers: »Ich bin dein Labyrinth ...« Wenn dieser Labyrinth-Gott noch immer, wie im Klagelied des Zauberers, der »Gedanke« ist, zum Gott hypostasiert, als Blitz die Welt erhellend, dann ist es gewiß nicht mehr der Gedanken-Gang, der vom Ursprung zum Ziel führt, und von der Erscheinung zurück zur Ur-Sache, sondern der schweifende, zyklische, mänadische, der sich im Labyrinth veranschaulicht und sich im Wahnsinn befreit. Ihm dient Nietzsche, wenn er seine letzten Erlösungsbotschaften mit Dionysos unterschreibt.

Man hat, seit Nietzsche ein Gegenstand der Forschung wurde, mancherlei in die geheimnisvollen Texte mit dem Jäger-Henker, mit Dionysos und Theseus und Ariadne, hineingedeutet. Ist meine Vermutung kühn, Nietzsche sei auch jener grundlegende liturgische Text bekannt gewesen, in dem der Evangelist Johannes Gott mit dem Logos gleichsetzt, mit dem »Gedanken«, der zugleich das »Wort« bedeutet? Dann hätte er auch hier das Gegen-Evangelium entworfen, das die Architektur des Logos zertrümmert und durch die ungeheure und unentwirrbare Fülle des labyrinthischen Lebens ersetzt.

4. Kapitel

Die Rückkehr des Dionysos

Vorläufig ist Nietzsche Student in Bonn, eingeschrieben als klassischer Philologe und beigetreten der Burschenschaft »Frankonia«. Noch geht ihm kein Dionysos durch den Kopf; nur der redliche Eifer, ein tüchtiger Philologe und Frankone zu werden, beflügelt ihn. In einem langen Brief setzt er der Schwester auseinander, warum es schwerer ist, *nicht* zu glauben, »in der Unsicherheit des selbständigen Gehens, unter häufigen Schwankungen des Gemüts, ja des Gewissens, oft trostlos, aber immer mit dem ewigen Ziel des Wahren, des Schönen, des Guten neue Bahnen zu gehen«. Mit den Pförtner Freunden versucht er gleich, die »Frankonia« zu reformieren, wie vorher die »Germania«, weniger Bier, mehr Wissenschaft; aber das ist schwer, er scheidet am Ende aus und wird ehrenvoll, mit Band, entlassen. Dafür ist er Schriftführer des studentischen Gustav-Adolf-Vereins, noch ein frommes Naumburger Erbe.

Er findet sich korpulent, leidet unter Rheumatismus, wird dann launisch und schwarzseherisch, sucht und findet aber Freundschaft und pflegt Geselligkeit. Seine Briefe nach Hause und an die Freunde zeigen ihn erfrischend »normal«; auf einer Photographie aus diesen Jahren ist er noch bartlos und ohne Brille, die Haare nach studentischem Usus halblang; für seinen neuen Anzug, meldet er, habe er einen hübschen Stoff gewählt und »den modernsten Schnitt« bestellt. Das Geld aus Naumburg ist knapp, und wie die meisten seiner Altersgenossen muß er darum betteln.

Auch seine Neigungen kosten Geld, an erster Stelle die musikalischen. Er mietet sich ein Klavier, das bleibt auch später unerläßlich, und er singt beim Kölner Musikfest mit. Man muß ihn, den späteren Einsiedler von Sils Maria, sich aus voller Kehle singend vorstellen, den Blick folgsam auf den Dirigenten gerichtet, unter 112 Tenören und 172 Bässen. Sein Auge verschmäht auch nicht die 182 Soprane und 154 Alt-Sängerinnen, von denen sich viele, das fällt ihm auf, durch Schönheit und Jugend auszeichnen. Es macht ihm nichts aus, daß er wegen Geldmangels bei einem Frankonen-Freund auf dem Fußboden übernachten muß.

Musik bleibt sein Lebenselement. Zu Neujahr hat er sich geschworen, fortan aufs Dichten und Komponieren zu verzichten, aber – so bekennt er Freund Gersdorff – nur das erste habe er einhalten können, gegen den zweiten Vorsatz habe er alsbald verstoßen und wieder ein Lied gemacht. Für Elisabeth fügt er hinzu, das sei mit »energischer Wut« geschehen, das Lied sei »im höchsten Zukunftsstile mit einem natürlichen Aufschrei« komponiert, so modern, nach neuestem Schnitt, wie der Anzug, den er sich bestellt. Gersdorff teilt er auch mit, daß er in Leipzig nicht nur Philologie treiben, sondern sich »wesentlich« in der Musik ausbilden lassen wolle.

Er hat durchaus eine mondäne Karriere im Sinn, möchte beim 2. Garderegiment dienen; die »Großfürstin von Rußland«, eine der Prinzessinnen, die der Vater als Privatlehrer unterrichtet hat, kommt nach Goslar: »Ich hätte Lust, mich ihr bei Gelegenheit vorzustellen.« Den Militärdienst leistet er dann wirklich wenigstens bei der reitenden Artillerie ab.

Großfürstin bedeutete: große Welt. Das wollte er ausprobieren. Der Mutter schrieb er von seiner Reiselust, ein sehr guter Bekannter habe ihm eine Reise nach Paris vorgeschlagen, »mit 100 Talern läßt sich das alles herrlich machen«. Aber selbst wenn die Mutter hundert Taler hätte flüssig machen können, war Paris denn nicht das Sündenbabel schlechthin?

Aber der Pariser Plan begann in Leipzig zu wuchern. Der neue

Freund, Erwin Rohde, war so weltmännisch, wie Nietzsche es nur wünschen konnte, schön und melancholisch, und es machte ihm einen Heidenspaß, in einem Brief an den Freund sich auszumalen, wie sie »auf der schönsten Szene der Welt, zwischen den buntesten Kulissen und einer Unzahl glänzender Statisten« durch den Strom des Pariser Lebens schritten; man würde sie überall sehen, in Museen und Bibliotheken, in den *Closeries des lilas* und in Notre Dame. Notre Dame war nicht auszulassen, aber zuerst waren die *Closeries* an der Reihe, das modische Garten- und Tanzlokal. Rohde konnte er auch anvertrauen, daß man zusammen in Paris »die göttliche Kraft des Cancan« kennenlernen und das gelbe Gift namens Absinth trinken werde. Rohde war weniger erpicht auf das rauschende Vergnügen. Er meinte, daß in Paris »großartig gearbeitet, die Bibliothek zerwühlt, Revolution gemacht ... und Französisch gelernt« würde. Paris war für beide, im Vergleich zu Deutschland, gesteigertes Leben, und was der junge Nietzsche »schweifen« genannt hatte, war dort als neue Lebensform des *Flanierens* selbstverständlich geworden. Später hat Nietzsche die Pariser Literaten »Vermischer der Künste und der Sinne« genannt, das war mit Cancan und Absinth gemeint; die deutsche Studierstube war der düstere Kontrast dazu. Man würde sich dafür sogar zur Brotarbeit bequemen, um dort leben zu können. Hatte Heinrich Heine es so nicht vorgemacht?

Einen Hauch davon hatten die Leipziger Studenten gespürt, als 1866, zwei Jahre nach der Pariser Uraufführung, Jacques Offenbachs »Schöne Helena« nach Leipzig kam und den Leipzigern in antikischer Verkleidung Pariser Leben vorführte, junge Lebemänner, schöne Frauen und alte Trottel. Noch war das Wort »dionysisch« nicht dafür da – aber das war es: feurige, flotte Musik, ausgelassener Tanz, hochfliegende Röcke, eine Lebensstimmung, deren Maxime hieß: »Je suis gai, soyez gais!« Das war der Übermut, den er erträumte und der ihn, als er bei den reitenden Kanonieren diente, den Seufzer ausstoßen ließ, der Kriegsgott Mars habe junge Weiber und nicht schrumpelnde

Musen geliebt. Als er sich später in Bizets »Carmen« vernarrte, zuletzt sogar die Wiener Operette hinreißend fand, erwies sich als Grundzug seiner aufs Spartanische gedrillten Natur eine Neigung zum Lebemännischen, zur eleganten Ausschweifung, die durchaus zusammenhing mit seinem Krieg gegen die überlieferte christliche Moral.

Vom Pariser Traum und den Pariser Ballerinen führt vielleicht der kürzeste Weg zu jener weltliterarisch berühmten Szene, wo der Student Nietzsche beim Besichtigen der Stadt Köln versehentlich in ein Bordell gerät, dort erstaunt ein halbes Dutzend Mädchen im Flitterkleid erblickt, sich, statt eines der Mädchen auszuwählen, an das dort stehende Piano begibt, ein paar Akkorde spielt und dann – würdevoll wie ein Professor nach getaner Vorlesung – das schlimme Haus verläßt.

Unwahrscheinlich, daß der vierschrötige Freund Deussen, der diese Geschichte als ihm von Nietzsche erzählt überliefert hat, sie sich ausgedacht haben sollte. Dem Studenten Nietzsche ist sie zuzutrauen, und wenn sie nicht wahr ist, ist sie doch gut erfunden. Es steckt eine Lehre darin, aber nicht die der Tugend, die das Laster verschmäht, sondern das Ausspielen der wahren Sinnlichkeit und Seligkeit der Musik, ihres orgiastischen Charakters, gegen die ordinäre Seichtheit des Dirnenangebots. In der Erzählung Deussens heißt es, Nietzsche sei auf das Klavier als das einzige »seelenhafte Wesen« losgegangen: Richtig hätte er schreiben müssen: auf das einzige wirklich sinnliche.

So wenig wie das Rauchen und das Biertrinken hätten ihn die Kölner Flitterdamen fesseln oder trösten können. Um so eifriger stürzte er sich in das, was heute »Kulturbetrieb« heißt, wo sich geistiges Interesse und gesellige Zwecke treffen und verbünden und ein fast unvermeidlicher Snobismus alle straft und belächelt, die daran nicht teilhaben können. Er war akademisch und gesellschaftlich angesehen und eingereiht in seinem Element, und nichts hätte ihm ferner gelegen, als diesem Domestizierungsprozeß zu widerstehen und den wilden Mann zu spielen.

Die Briefe, die er im Herbst 1868, nun vierundzwanzig

geworden, an den neuen Freund Erwin Rohde schrieb, sind voll von dieser Siegesstimmung. Dem alten Kameraden Deussen gegenüber gab er sich herablassend. Der sollte staunen: Er wohne nun bei Professor Biedermann, dem ehemaligen Parlamentsabgeordneten und jetzigen Redakteur der »Deutschen Allgemeinen«, und habe so Gelegenheit, interessante Bekanntschaften zu machen, nämlich geistreiche Frauen, hübsche Schauspielerinnen, bedeutende Literaten und Politiker etc. Sein Lehrer, Professor Ritschl, und seine ihm, Nietzsche, sehr nahe Gattin erwiesen ihm vieles Angenehme, und im übrigen »blühe« er im Kreis der Freunde und Genossen. An Rohde schreibt er als einen Eingeweihten der Kulturszene: ob er sich noch an *Glaukidion* erinnere, die habe er neulich nach Hause bringen dürfen. Vor allem aber: Er glänze nun nicht nur in der Philologie, sondern auch in der Kritik; er gehe als Vertreter der »Deutschen Allgemeinen« gelegentlich in Vorlesungen und Konzerte, »ja, sogar die Kritik der Oper ist mir offeriert«. Auf seinem Abonnementplatz im Konzertsaal umgeben ihn drei namhafte Kritiker: »Es ist eine scharfe Ecke: und wenn wir vier einmütig mit dem Kopf schütteln, so bedeutet es ein Unglück.«

Wie manches andere Mal sind diese Mitteilungen ein paar Nummern zu groß. In Wirklichkeit ist kein Satz aus Nietzsches Feder je in das Feuilleton der »Deutschen Allgemeinen« gelangt. Nur Pläne wurden geschmiedet, und euphorisch träumte er sie alsbald hinüber in die Wirklichkeit.

Doch ein Wunder geschah tatsächlich, das alle Musikkritikerambitionen weit übertraf. Wenige Tage nach dem Brief an Rohde vom 27. Oktober 1868 wurde der junge Altphilologe Friedrich Nietzsche dem großen Tonkünstler Richard Wagner vorgestellt, und es bahnte sich an, was in der Überlieferung die Freundschaft zwischen den beiden großen Geistern heißt, was aber in Wirklichkeit sich als Kampfbündnis und Zweckallianz zwischen einem hochbedeutenden und heftig umstrittenen Künstler, der sich den Sechzigern näherte, und einem ebenso nachdenklichen wie geistreichen jungen Mann von vierundzwanzig herausstellte, der noch ein unbeschriebenes Blatt war und wie gemacht schien, in dem hin und her wogenden Streit um Wagners Musik der Bahnbrecher einer neuen Musik- und Zeitphilosophie zu werden. Daß Nietzsche von Hause aus klassischer Philologe war, konnte Wagner nur befriedigen: Er war selber halber Humanist und Griechenverehrer und wußte, daß daraus ein solides Fundament zu machen war für die hochfliegende Spekulation, aus dem wagnerischen Musikdrama so etwas wie die Erlösungsbotschaft des 19. Jahrhunderts zu machen. Die Griechen würden den neu-alten Gott stellen, der diese Operation segnete. Er hieß Dionysos.

Bevor hier diese Wendung zum wilden Gott darzustellen ist, soll noch ein Rückblick auf Nietzsches eigentliche Berufsarbeit, auf seine philologischen Studien, getan werden. Mit erstaunlicher Sicherheit pickte er aus dem gewaltigen Corpus des aus der Antike Überlieferten heraus, was ihm in den Kram paßte – in den Zusammenhang der eigenen Laufbahn: keinen Dichter (er hatte ja selbst mit einem feierlichen Neujahrsschwur der Poesie abgesagt), sondern einen Literaten der griechischen Spätzeit namens Diogenes Laertius, der, selber unbedeutend und nur fleißig, etwas für Nietzsche Einzigartiges besorgt hatte: Er hatte die Biographien der griechischen Philosophen erzählt. Der langatmige Titel seiner zehn Bücher verspricht zwar neben den *bioí* auch die *dogmata,* die Lehren der Philosophen. Aber die sind in der Regel nur kurz zusammengefaßt, denn Diogenes schrieb für ein Publikum, das Geschichten haben wollte, Anekdoten; ein Lexikon teilt über ihn mit, daß sein Werk »viele Klatsch-Geschichten, viel abenteuerliches Fabulieren« enthält. Tatsächlich überleben manche griechische Philosophen, wie der berühmte Namensvetter des Diogenes Laertius, nur durch Anekdoten; es gäbe Diogenes nicht ohne die Tonne, in der er lebte, den Becher, den er wegwarf, um Wasser nur noch aus der Hand zu trinken, und Alexander den Großen, den er bat, zur Seite zu treten, damit die Sonne ihn weiter bescheinen und wärmen könne. Die Lebensnähe der antiken Philosophen, die häufiger

Wanderprediger waren als Professoren, hat Nietzsche entzückt und veranlaßt, darüber nachzudenken, wie dergleichen neu zu verwirklichen sei.

Darüber durfte er sich freilich als Philologe nicht auslassen. Er hatte über die Quellen des Diogenes Laertius zu schreiben und Textvergleiche anzustellen, ein mühseliges Geschäft, an dessen Ende das Lob seines Professors und ein Preis der Universität Leipzig standen.

Er hatte sich, wie man in der Fachwelt sagt, als Philologe ausgewiesen und war doch todunglücklich, ein Philologe zu sein – wie einst der Doktor Faustus in der Studierstube, der es freilich mit allen Fakultäten durchprobiert hatte. Er seufzte und fluchte innerlich und brieflich und setzte mit Vergnügen dem Partner auseinander, was er so widerwärtig fand. In eben dem Brief an Deussen, der seinen neuen Leipziger Umgang schilderte, verglich er die senil gewordenen Wissenschaften mit Vampiren, die »abgezehrten Leibes, mit vertrockneten Adern, welkem Munde« das Blut junger und blühender Naturen aussaugen. Diese Kräfte hätten zwar vom Standpunkt des Historikers aus Ehrerbietung zu erwarten, von seiten der Gegenwart aber nur Widerwillen – und von der Zukunft Vernichtung. So unumwunden konnte er sich ausdrücken, solange es im Kreis der Eingeweihten blieb.

Er arbeitete nur noch als ob: als ob er die Karriere, die Professur anstrebe, noch immer musterhaft in seinem Fleiß und seriös, und doch war ihm alles lieb, was ihm den Ausstieg oder das Abspringen versprach, wie der Pariser Plan. Er tastete die vagen Möglichkeiten ab, und als der Meister aller Meister selbst, Richard Wagner, ihn nun zum Gespräch lud, geriet er außer Rand und Band. Er war inzwischen gewissermaßen vorbeugend Schopenhauerianer und Wagnerianer geworden, das erste, weil er in Schopenhauer das schriftstellerische, also antiprofessorale Vorbild für sich entdeckte: seinen Stil, das andere, weil Wagner genau das versprach, wovon er selber unablässig träumte: Zukunft. Der Streit um Wagner bediente sich eben dieser Vokabel:

War es nicht lächerlich, fanden seine Gegner, daß einer, auch wenn er allerlei geleistet hatte, sich als der Mann für das Zukünftige ausgab? Und die Anhänger beklatschten um so wilder, was er jetzt mit dem Anspruch auf Zukünftigkeit präsentierte.

Die Sache lief ganz leicht. Wagners Schwester Ottilie hatte den Orientalisten Hermann Brockhaus geheiratet, und Frau Brockhaus war mit Frau Ritschl, der Frau seines Lehrers und Nietzsches besonderer Gönnerin, befreundet. Wagner war *incognito* in Leipzig, auf der Durchreise; es mußte also einen besonderen Grund geben, während dieses Kurzaufenthaltes den jungen Gelehrten ins Haus Brockhaus zu bitten. Es gab ihn. So sehr, wie es Nietzsche verlangte, der akademischen Sklaverei zu entrinnen, so sehr verlangte es den älter werdenden Wagner nach einer »jungen Kraft«, die in der Musik, vor allem in *seiner* Musik, so zu Hause sein würde wie in seiner weit über die Musik hinausgreifenden Zukunfts- und Reformphilosophie. Daß auch ein solcher Genius oder Halbgott, wie ihn Nietzsche bald bereitwillig anerkannte, das Blut junger und blühender Naturen vampirartig aussaugen könnte, diese Vermutung lag ihm weltenfern.

Der Abend bei Brockhaus verläuft köstlich. Wagner zieht alle Register, spielt aus den »Meistersingern«, liest eine Szene aus seinem Leipziger Studentenleben (also genau auf Nietzsches jetzige Situation passend), imitiert im sächsischen Dialekt, der auch damals humoristische Effekte erzielte, Kapellmeister, die sächsisch gemütlich (»meine Gutsten«) ihre Musiker zu mehr Leidenschaftlichkeit anstachelten. Wagner ist nun Richard, ein mitreißender älterer Freund, der Leben und Leidenschaft ausstrahlt wie niemand sonst.

Ja, Wagner haßte die Canaille wie er, hatte sich über die Schulphilosophen als »philosophische Dienstmänner« lustiggemacht. Nun beschrieb Nietzsche in einem Brief an Rohde, dem ebenbürtigen Freund, »das wimmelnde Philologengezücht«, das ganze Maulwurfstreiben, »die vollen Backentaschen und die blinden Augen, die Freude ob des erbeuteten Wurms und die

Gleichgültigkeit gegen die wahren, ja aufdringlichen Probleme des Lebens«. Und gegen diese unterirdische Wühlgesellschaft setzte er nun das Wagnis Wagner mit dem »kühnen, ja schwindelnden Gang seiner umstürzenden und aufbauenden Ästhetik«, mit dem »Schopenhauer'schen Tonmeere«, dessen geringsten Wellenschlag er mitempfindet, so daß sein Anhören der Wagnerischen Musik zugleich »ein staunendes Sichselbstfinden« ist. Wagner verwirklicht, was er, der Wunschkomponist wider alle ihm auferlegten Berufspläne, erträumt. Musik ist ein Meer der Gefühle, von dem man sich mitreißen, wegreißen lassen kann.

Dann überstürzen sich die Dinge. In dem Manöver, das Ottilie Wagner-Brockhaus und Sophie, Ritschls Frau, weiblichklug gesponnen haben und in das bald auch Wagners Cosima mit einbezogen wird, folgt der zweite Zug: Nietzsche erfährt am 10. Januar 1869, nur zwei Monate nach dem Leipziger Treffen, daß er als Professor nach Basel berufen sei. Die Karriere, die er lustlos betrieben hatte, wird über ihn verhängt. Er hat nicht einmal den Doktor, geschweige denn die Habilitation. Der Doktor wird ihm nachgereicht. Nochmals ein unverschämtes Glück, ein Blitz. Aber mit dem neuen Posten, der festen Anstellung wird Prometheus, der den Menschen die Freiheit bringen wollte, wieder gefesselt, mit doppelten und dreifachen Stricken.

Es war nicht nur an der Universität ein volles Deputat für griechische Philologie zu leisten. Im Dienstplan stand auch noch das Gymnasium mit ein paar Stunden, und: Tribschen, Wagners Wohnsitz am Vierwaldstätter See, war nicht fern. Wagners betrachteten bald den feurigen jungen Mann nicht nur als idealen Mitstreiter, sondern als Adlatus für mancherlei praktische Besorgungen. Vor allem: sehr zum Kummer Nietzsches und zum Leidwesen Rohdes, der Pariser Plan ging in die Brüche. Die Universität Basel, eine kleine Universität in einer kleinen Stadt, in einem kleinen Land, das zwar freiheitlich, aber keineswegs zukunftsfreudig-fortschrittlich gesinnt war, mußte die große Welt, die nur in Paris (oder allenfalls in London oder in Wien) zu finden war, ersetzen.

Die Wagners freilich brauchten für den dritten Zug im Manöver nicht den geistreichen Privatgelehrten, sondern den ordentlichen Professor, den geschätzten klassischen Philologen, der von einem Lehrstuhl aus Wagners gewaltige Zukunftspläne mit seinem Segen und seiner Fürsprache versah. Nur der Professor, das wußten sie zu genau, durfte in Deutschland neben dem Politiker die Stimme erheben, nicht der Literat.

War es wirklich ein Manöver? Man braucht das Wort nicht zu genau zu nehmen. Ein auf längere Dauer angelegter Plan war es bestimmt. Warum hätte Wagner sonst einen ganzen langen Abend mit seinen musikalisch-schauspielerischen Glanznummern einem unbekannten jungen Mann widmen sollen? Warum dirigierte der Professorenmacher Ritschl ihn nach Basel? Gewiß, der Lehrstuhl wurde »zufällig« frei, aber im Universitätsbetrieb sind solche Zufälle für die Wissenden oft voraussehbar und einzukalkulieren.

Wie dem auch sei: Der Plan, wie genau vorgezeichnet auch immer, trug Frucht. Nietzsche verfaßte ganz außerhalb seines Lehrauftrags und seiner wissenschaftlichen Pläne die Schrift »Die Geburt der Tragödie aus dem Geiste der Musik«, die vor allem anderen eine Kampfschrift für den Musik-Erneuerer und deutschen Zukunftsreformer Richard Wagner war. Sie erschien in den letzten Tagen des Jahres 1871, gedacht auch als Weihnachtsgabe für Richard und Cosima. Sie war aber gleichzeitig die Epiphanie eines neuen Gottes, jenes Unbekannten, der nun den altehrwürdigen, aber die Zeit energisch herausfordernden Namen des Dionysos bekam. Und noch ein Drittes: Der Schriftsteller Nietzsche war geboren, um den Professor stand es, wie wir hören werden, bald sehr schlecht. Was Nietzsche mit dieser Schrift unternahm und erlitt, war Bankrott und Befreiungsschlag in einem.

Wie es zu dieser Tragödie kam, soll nun erzählt werden. Auf den ersten Blick gesehen, hatte er das große Los gezogen. Einem jungen Privatdozenten, der – man weiß nicht wie – Professor geworden war, fiel die Gunst des größten künstlerischen Genies zu, das Deutschland damals besaß. Ein höchst schwankendes Selbstbewußtsein war die Folge, zwischen Thronbesteigungsgefühlen und schülerhafter Demut. Er fühlte sich in der Nähe des Göttlichen und sprach es den Freunden gegenüber unumwunden aus. Der Geniekult, an dessen Anfang Napoleon und Beethoven, auch der Olympier Goethe gestanden hatten, war zu Nietzsches Zeiten ungebrochen, auch von »Geistes-Aristokratismus« war die Rede. Vielleicht, so schrieb Nietzsche, sei die Menschheit nur dazu da in ihren Mühen, solche großen Geister zu produzieren, und zaghaft begann er, sich dazuzurechnen. War ihm nicht eine »beglückende Annäherung der wärmsten und gemütvollsten Art an Richard Wagner, das will sagen: den größten Genius und größten Menschen dieser Zeit, durchaus inkommensurabel«, gelungen?

Aber konnte dieser Jupiter ihn nicht auch wieder fallen lassen? So verfaßte er die Huldigungsbriefe, die zum Geburtstag des Meisters in jedem Mai fällig waren, und für seinen Rückzug in die Musterhaftigkeit des kleinen Nietzsche ist es höchst bezeichnend, daß er einen dieser Briefe, an den *Pater Sekaphicus* aus dem zweiten Faust, mit »einer der seligen Knaben« unterzeichnete. Kindlicher Aufblick zu einem himmlischen Vater wechselte mit dem Stolz, einer der wenigen Berufenen zu sein.

Wagner selbst spielte nicht den Jupiter, sondern den Chef. Er gab Anweisungen und nutzte den »seligen Knaben« für Aufträge. Er schrieb selten und meist über Geschäftliches, schickte lieber Telegramme; Cosima mußte Nietzsche durch viele und lange Briefe bei guter Laune halten. Wie ein mittelalterlicher Minner stand er in ihrem Dienst und erfüllte ihre als höfliche Bitten vorgebrachten Aufträge. Es war klar, daß vorläufig nur einer einen *großen* Auftrag hatte, nämlich den, das Gesamtkunstwerk der Zukunft zu schaffen und damit dem in den Deutschen wiedererstandenen Germanentum einen Platz gleich neben den alten Griechen zu geben. Nietzsche nahm diese Aufgabe Wagners durchaus ernst; sie entsprach weitgehend dem, was ihm mit dem »unbekannten Gott« im eigenen Innern vorgeschwebt hatte, einer neuen, ganz auf die edelsten Anlagen des Menschen ausgerichteten Religiosität ohne etwas so Aufdringliches wie den alten Gott. Er fand sich also zunächst in der Rolle des Gefolgsmannes am Platze, mit der Hoffnung, am Hof dieses Souveräns etwas wie erster Ratgeber zu werden.

Wagner war Reformer durch und durch, ein ewiger Achtundvierziger, so wie es in unserem Jahrhundert ewige Achtundsechziger gibt. Aber das Revolutionspathos von 1848 war im Gegensatz zu dem von 1968 mit gesteigertem Nationalgefühl verbrämt. In Wagners 1868 aufgezeichneten »Annalen« steht unter 1848 nebeneinander: »communistische Ideen über kunstförderliche Gestaltung der Menschheit der Zukunft« und »Dichtung von Siegfrieds Tod«. In den Tagebuchnotizen für Cosima sieht er sich selbst als den Drachentöter Siegfried, und den zukunftsweisenden Planeten Jupiter tauft er ins Germanische um:

> Mag weit und breit man Jupiter dich nennen,
> mir strahlest du als Wotan deutsch und traut.

In diesen Notizen darf Wagner schwärmen, und er schwärmt von deutschen Schwärmern, zum Beispiel von dem alten Burschenschafter Riemann. »Sieh diesen Kopf Riemanns!« ermuntert er Cosima, »das ist *deutsche* Idealität ... Wenig Bewegung, keine ungarische, polnische oder französische Gelenkigkeit, etwas schwer, unzierlich: aber dieses sinnende Gemüt! Der naive Blick, der wunderliche Glaube drin, die Schwärmerei! Diese Burschenschaft!« So überkommt es ihn, den genialen Wirrkopf, der er *auch* ist, und er phantasiert: »Ich bin der deutscheste Mensch. Ich bin der deutscheste Geist.« Er schreibt allen Ernstes nieder: »Fragt den unvergleichlichen Zauber *meiner* Werke«, da sei das Deutsche zu finden. Und zum Schluß der Seufzer. »O Himmel! sollte dieses Deutsche einen Boden haben! Sollte ich mein Volk finden können! Welch herrliches Volk müßte das werden?« Der junge Gelehrte Nietzsche war von Gestalt eher plump als zierlich, also deutsch, und Burschenschafter dazu. Und er war mit dem Griechentum vertraut, mit der ehrwürdigsten Kunstvergangenheit, die Wagner brauchte, gerade weil er weit in die Zukunft dachte.

In diese Zukunft hinein plante Wagner ununterbrochen. 1849, mitten im Nibelungendrang: »Entwurf von ›Jesus von Nazareth‹, 5 Akte.« In eben diesem Jahr, in der Schrift »Die Kunst und die Revolution«, kam er auf den Gedanken, für Jesus und Apollo gemeinsam den Altar der Zukunft zu errichten: »Jesus, der für die Menschen litt, und Apollo, der sie zu ihrer freudevollen Würde erhob.« Er dachte gern in solchen großen Zusammenhängen und weitgespannten Gegensätzen. Und noch dringender verlangte es ihn nach einer freudigen Grundstimmung für das Ganze, nach der Leidenschaft und Sinnlichkeit, dem Schwung und der Kühnheit, aus der erst große Kunst, in Klammern: *seine* große Kunst, erwachsen würde.

Und so wurde Jesus unter der Hand abgelöst, und es stieg als neuer Gott der Herr des Rausches, der höheren Trunkenheit auf: Dionysos.

Das Losungswort, das die Künste und das Leben miteinander verband, die Wissenschaft aber ausschloß, hieß Sinnlichkeit. »Wahr und lebendig ist nur«, dekretierte er, »was sinnlich ist und den Bedingungen der Sinnlichkeit gehorcht.« Daß Sinnlichkeit nicht nur die Sinneseindrücke, sondern auch das Geschlechtliche mit umfaßte, konnte ihm nur recht sein. Er war vital, nicht nur ein ernster Germane, sondern auch ein temperamentvoller Sachse, und in eben dem Jahr, in dem er Nietzsche kennenlernte, gab es die Liaison mit Judith Gautier, verehelichte Madame Mendès, die unter dem Spitznamen »Orkan« bekannt war.

So fiel Wagner ganz von selber als eine Art neuer Schutzpatron seiner lebens- und leidenschaftsvollen Musik Dionysos ein. Der war, meist unter dem Namen Bacchus, allen Gebildeten vertraut und auf seine Weise genau so oft besungen worden wie seine Götterkollegen, in deren Olymp er eigentlich nicht hineingehörte. Dionysos war aus Thrakien oder aus Asien eingewandert, aus Gebieten, die den Griechen nicht geheuer waren, aus barbarischen Gefilden, und wenn andere Götter oder Göttinnen für das Wachstum des Getreides zuständig waren, so stand er für den Wein, also auch für den Rausch, den der Wein besorgte. Er war eigentlich auch kein ortsfester Gott mit ordentlicher Tempelunterbringung, sondern zog lieber im Triumph durch die Lande. Ihm folgten die Satyrn und der Silen, halb menschliche, halb tierische Wesen und lüstern auf jeden Fall. Er konnte zu Zeiten auch Frauen, die sonst ordentliche Hausbehüterinnen waren, zu Rasenden, also griechisch zu Mänaden machen, die dann so wild waren, daß sie junge Tiere des Waldes zerrissen und roh aßen. Schließlich ist noch zu erwähnen, daß Dionysos auch, wie andere Götter, seine Tiere hatte, nämlich Tiger und Panther, die wildesten der Raubtiere. Zu ihm als Braut gehörte die schöne Ariadne, und schon im Florenz der Renaissance war auf einem Wagen des Karnevalsumzuges Dionysos mit Ariadne im Arm dahergezogen, und die Verse, die Lorenzo de' Medici dazu dichtete, sind bis heute in Italien noch gegenwärtig.

Das alles war lebendigste Tradition. Unzählige Gemälde stellten den Gott mit seinem Gefolge dar, es war das Sujet, das ausgelassenes Treiben, trunkene und taumelnde Gestalten, sich umarmende Paare, nicht nur erlaubte, sondern forderte. Es gab Maler, die sich geradezu darauf spezialisiert hatten, zum Beispiel in Wagners Deutschland den Italiener Bonaventura Genelli (1798–1868), der ein »Heide« war, wie man damals sagte, und am liebsten nackte Figuren auf die Leinwand brachte.

Schon in Leipzig, wo Genelli zuerst arbeitete, hatte er das Bild »Bacchus unter den Musen« gemalt, die Musen züchtig bekleidet, Bacchus selbst als edel-nackten Jüngling. Daß nicht Apoll, sondern der Weingott als *Musagetes,* Musenführer, auftrat, war neu und kühn. Gerade das aber hatte dem jungen Wagner gefallen, als er das Bild bei seiner Schwester sah, die den Verleger Friedrich Brockhaus geheiratet hatte. Als Brockhaus starb, wanderte dieses Bild in den Tribschener Salon, wo Nietzsche und Freund Rohde es sahen, als sie im Juni 1870 zu

Besuch kamen. Es verkörperte ein Zukunftsprogramm: Wagners Gesamtkunstwerk, von allen Musen inspiriert, vom freudigen Schwung des Dionysos in eine lichte Zukunft getragen.

Im April des gleichen Jahres hatte Nietzsche seine Antrittsvorlesung gehalten, über Homer und die klassische Philologie, ein in vollendeter Sprache gehaltenes Plädoyer für den künstlerischen Aspekt der Philologie und gegen enges Spezialistentum. Keine Anspielung, kein Hinweis zielte auf die Tribschener Kunstreligion. Der erste Auftritt vor den Baslern war eine Glanzleistung; die Besiegelung eines Talents, das mitsamt seinen kritischen Untertönen die frühzeitige Berufung auf den Basler Lehrstuhl rundum rechtfertigte. Auch der persönlich gefärbte Schluß, das Bekenntnis zu einer philosophisch unterbauten Philologie, paßte in das Bild des jugendlich feurigen Redners, der die älteren Kollegen das Fürchten lehren würde.

Aber was half's? Tatsächlich war Nietzsches Tagewerk genau mit all den Kleinigkeiten und Kleinlichkeiten ausgefüllt, die seit eh und je den Universitätsalltag bestimmt haben. Er wußte, er würde vertrocknen, wenn er so weitermachte, die philosophisch-musikalische Sendung, die er vage in sich fühlte, würde verkümmern. Er schrieb Rohde, der als freier Mann und Anwärter auf eine künftige Professur durch Italien reiste, sein Basler Amt sei eine verführerische Schlange gewesen, die ihn vom richtigen Wege weggelockt habe, nämlich dem zu ihm, Rohde, und zu den »blauen Weltwundern«.

Rohde war weit weg, leider, aber Tribschen lag vor der Tür. Wagners Ideen taten ihre Wirkung, der alte Zaubermeister würde ihm den Ausweg zeigen. Seine Gunst durfte er nicht einbüßen. Wagner konnte ungnädig sein. Der letzte Brief – vom 14. Januar 1870 – hatte mit dem Satz begonnen: »Ihr Schweigen befremdet mich« und mit dem Satz geendet: »Nun aber kein Wort weiter, denn Sie sind mir bedenklich geworden.« Nietzsche mußte handeln. Es geschah in der aufopferndsten Weise am 18. Januar 1870, mit Nietzsches erstem öffentlichen Vortrag nach der Antrittsvorlesung, über das wagnerische Thema »Das griechische Musikdrama«. Vierzehn Tage später folgte der zweite, mit Nietzsches Originalideen über Sokrates und die Tragödie.

Der letzte Satz des ersten Vortrages lautete: »Wer aber bei seinem (dem des griechischen Musikdramas) Anblick an das Ideal des jetzigen Kunstreformators erinnert wird, der wird sich zugleich sagen müssen, daß jenes Kunstwerk der Zukunft durchaus nicht etwa eine glänzende, doch täuschende Luftspiegelung ist: was wir von der Zukunft erhoffen, das war schon einmal Wirklichkeit – in einer mehr als zweitausendjährigen Vergangenheit.«

Der Kunstreformator, das wußte oder ahnte man im Vortragssaal, war Wagner, und das Wort »Reformator« unterstrich die Nähe zu Luther und der *ersten* deutsch-europäischen Reformation. Ihr würde nun, wieder von Deutschland ausgehend, eine zweite folgen, umstürzender als die erste, denn das Christentum hatte ausgespielt (das sagte er freilich nicht!). Eine neue Blütezeit würde aufziehen, mit dem Gesamtkunstwerk als neuem Sakrament. Alles Isolierte, alles Unfreie der Einzelkünste werde überwunden, und »bei ihrem gemeinsamen Opferfeste werden der Schönheit und zugleich der Kühnheit Hymnen gesungen«.

Man mag es wenden, wie man will: Er war mit fliegenden Fahnen in das andere Lager übergegangen. Wie weit, das bezeugt der Schluß des zweiten Vortrages. In den üblichen Nachdrucken bricht er mitten im Satz ab, denn beim Manuskript ist die letzte Seite herausgerissen. Der dort erhaltene Satz besagt, daß dem Sokratismus, der das griechische Musikdrama zerstört hat, heute die jüdische Presse entspreche. So stand's da, so hat er's – vielleicht – auch gesagt, und Cosima, mit ihrem Richard die eigentliche Adressatin, las es und warnte den allzukühn Vorgepreschten: »Nennen Sie Juden nicht, und namentlich nicht *en passant;* später, wenn Sie den grauenhaften Kampf aufnehmen wollen, in Gottes Namen ...« Sie hatte gute Gründe für die Unterlassung, taktische, versteht sich, denn sie war so leidenschaftliche Antisemitin wie ihr Richard. Nietzsche war von Nutzen als Professor, das heißt als objektive Instanz, nicht als dröhnender Parteigänger.

Ob mit, ob ohne Juden, er hatte sich jetzt für die Wagners exponiert, und die Gnaden flossen reichlich. Auch Richard griff zur Feder, und sein Brief war für Nietzsche die Anerkennung seiner Gleichrangigkeit. Aus dem Lehrling wurde durch eine feierliche Erklärung ein Verbündeter. Er, Wagner, so las Nietzsche, sei ein verhinderter Philologe, so wie Nietzsche ein verhinderter Musiker sei. Er habe keine Zeit zum einen, Nietzsche komme mit dem anderen nicht recht voran. »Da ist nun aber Teilung der Arbeit gut. Sie könnten mir viel, ja ein ganzes Halbteil meiner Bestimmung abnehmen. Und dabei gingen Sie vielleicht ganz *Ihrer* Bestimmung nach.« Da stand allen Ernstes, und Wagner unterstrich, daß er's ernst meine: »Nun bleiben Sie Philolog, um als solcher sich von der Musik dirigieren zu lassen.« Und noch stärker herausfordernd: »Nun zeigen Sie denn, zu was die Philologie da ist, und helfen Sie mir, die große ›Renaissance‹ zustandezubringen, in welcher Platon den Homer umarmt, und Homer, von Platons Ideen erfüllt, erst recht der allergrößte Homer wird.« »Hoffnungsvoll, seit ich Sie liebgewonnen habe«, konnte Nietzsche im folgenden lesen, und natürlich, zum nächsten Wochenende Wiedersehen in Tribschen. Cosima ihrerseits berichtete von einem glückverheißenden Stimmungsumschlag in Tribschen; am anderen Morgen habe der Meister seinen Siegfried mit Begleitung der kecksten und übermütigsten Violinfigur sein heiteres Thema blasen lassen, worauf die Rheintöchter ihrerseits freudig hoffend »breit und stark« ihr Motiv angestimmt hätten. Das war doch was, Nietzsche hatte Wagner inspiriert.

Noch etwas Ermunterndes war in Cosimas Brief vom 5. Februar zu lesen: »Machen Sie aus Ihrem Vortrag ein Buch.« Zum »Basler Leckerli« sei er doch wohl zu schade, und der Meister habe es wohl so mit ihm besprochen. Das war die Laus, die sie ihm beide ins Ohr setzten. Bald ging er schwanger mit dem

Plan, als ob er selbst die Tragödie zu gebären habe. Bis zum Ende des Jahres 1871 – inzwischen war der Krieg mit Frankreich ausgebrochen, Nietzsche als freiwilliger Sanitäter an die Front gereist, krank geworden, der Krieg an sein Ende gekommen – häuften sich die Aufzeichnungen, Inhaltsentwürfe, Titel-Experimente. Fest stand nur eine Art Generalplan: erstens, das griechische Drama war im Zeichen des Dionysos aus der griechischen, »dionysischen« Musik entstanden; zweitens, schon Sokrates und seine Zeit hatten ihm den Lebensnerv, die durchgehende Musikalität, abgeschnitten; drittens, jetzt endlich, nach weit mehr als zweitausend Jahren, würde es durch Wagners dionysisches Genie (und, bei aller Bescheidenheit, durch des Professor Nietzsche kombinatorische Erkenntnis) wiedergeboren, die Welt würde von ihren zivilisatorischen Mängeln, all dem Unleidlichen der »Jetztzeit«, erlöst.

Frau Cosima hatte gut reden. Er könne, so hatte sie geschrieben, »gleich dem Erbauer der gotischen Wunderwerke«, die Spitzen seines Baues so hoch treiben, wie er wolle. Aber nichts war schwerer, als aus dem Neben- und Durcheinander von Gelehrt-Griechischem und Aktuell-Wagnerischem eine Architektur zu machen. Im Sommer 1870, er war allein in einem fernen Alpental, hoch über allem Sterblichen, schrieb er in einem Zug das erste Kapitel nieder, »Die dionysische Weltanschauung«. Eben diese Eile war das Schlimme: Er hatte keinerlei Studien zu Dionysos getrieben, er mußte sich alles aus den Fingern saugen, und gleich der erste Satz – »Die Griechen, die die Geheimlehre ihrer Weltanschauung in ihren Göttern aussprechen und zugleich verschweigen, haben als den Doppelquell ihrer Kunst zwei Gottheiten aufgestellt, Apollo und Dionysos« – enthielt eine Behauptung ohne jeden Beweis.

Schöne Sätze brachte er zu Papier: Er sprach von der maßvollen Begrenzung, der Freiheit von wilderen Regungen, der Weisheit und Ruhe des Bildnergottes Apoll, und er stellte dem, geleitet nicht von alten griechischen Texten, sondern von Schillers Freuden-Pathos, das Idealbild eines dionysischen Festes entgegen. »Die Dionysos-Feste schließen nicht nur den Bund zwischen Mensch und Mensch, sie versöhnen auch Mensch und Natur. Freiwillig bringt die Erde ihre Gaben, die wildesten Tiere nahen sich friedfertig: von Panthern und Tigern wird der blumenbekränzte Wagen des Dionysos gezogen. Alle die kastenmäßigen Abgrenzungen, die die Not und die Willkür zwischen den Menschen festgesetzt hat, verschwinden: der Sklave ist freier Mann, der Adlige und der Niedriggeborene vereinigen sich zu denselben bacchischen Chören. In immer wachsenden Scharen wälzt sich das Evangelium der ›Weltenharmonie‹ von Ort zu Ort: singend und tanzend äußert sich der Mensch als Mitglied einer höheren idealeren Gemeinsamkeit: er hat das Gehen und das Sprechen verlernt. Noch mehr: er fühlt sich verzaubert und ist wirklich etwas anderes geworden. Wie die Tiere reden und die Erde Milch und Honig gibt, so tönt aus ihm etwas Übernatürliches. Als Gott fühlt er sich, was sonst in seiner Einbildungskraft nur lebte, jetzt empfindet er es an sich selbst.« Wahrhaftig, bei Nietzsches Dionysos geht es nicht wild zu, sondern höchst gesittet. Man fragt sich, wozu er Tiger und Panther braucht, wenn sie sich wie die Lämmlein gebärden.

In der endgültigen Fassung, der »Geburt der Tragödie aus dem Geiste der Musik«, wird aus der Schilderung geradezu ein Appell, ein Bekehrungsaufruf, der durchaus mit der Botschaft der altvergangenen Evangelien konkurrieren will. »Ja, meine Freunde«, heißt es da, »glaubt mit mir an das dionysische Leben und an die Wiedergeburt der Tragödie. Die Zeit des sokratischen Menschen ist vorüber: kränzt euch mit Efeu, nehmt den Thyrsusstab zur Hand und wundert euch nicht, wenn Tiger und Panther sich schmeichelnd zu euren Knien niederlegen. Jetzt wagt es nur, tragische Menschen zu sein: denn ihr sollt erlöst werden. Ihr sollt den dionysischen Festzug von Indien nach Griechenland geleiten! Rüstet euch zu hartem Streite, aber glaubt an die Wunder eures Gottes!«

Das war von »glaubt an ...« über »erlöst werden« bis zu »Wunder eures Gottes« eine Predigt, und es sollte eine sein.

Es war aber nicht die Predigt eines gewandelten und neugewandeten Nietzsche, sondern der Extrakt von Tribschen, und in der Sanftheit des Panoramas, in dem Ausklammern alles dessen, was sich an Ausgelassenheit, Trunkenheit, Ausschweifung und Gewalt mit dem Weingott verbindet, war keineswegs Nietzsches innerster Impuls zu spüren, sondern eher Cosimas erzieherische Hand. Unmittelbar anschließend an ihre Ermunterung, er möge das Buch so großartig wie einen gotischen Dom aufführen, hatte sie ihm einen Eingeweihten-Hinweis gegeben: »Bei den Deutschen aber bereitet sich sogleich das Kunstwerk der Zukunft; es schimmert mir förmlich aus Schillers Dichtungen entgegen, und daß Beethoven den Hymnus an die Freude komponiert hat, ist ein göttlicher Wegweiser zu – was wir wissen.« Was *wir* wissen und andere nicht, ist das Wagnersche Zukunftsevangelium, die neue Frohbotschaft. Für das Volk, so schreibt sie weiter, gelte weiter die Religion. Aber wo ist die, fragt sie, und das »ich« unterstreichend fährt sie fort: »Ich hoffe immer noch auf eine deutsche Kirche.« Für diese neue deutsche Kirche wird Wagner den Parsifal komponieren.

Daß die Menschheit in Männer und Frauen eingeteilt ist, kommt in Nietzsches hymnischer Prosa kaum vor, so wenig wie in Schillers Freudensang, der verspricht, daß alle Menschen *Brüder* werden. Die dem Dionysos folgenden »rasenden« Frauen sind bei ihm so gezähmt wie die vor den Wagen des Dionysos gespannten Panther und Tiger. Er entnimmt dieses Bild den »Bakchai« (»Bakchen«) des Euripides, der einzigen griechischen Tragödie, die den Dionysos in seiner Macht und Glorie zeigt. In Nietzsches Worten: »Auf einer Alpen-trift ... drei Frauenchöre, über den Boden hin zerstreut liegend und in sittsamer Haltung ... Plötzlich beginnt die Mutter des Pentheus zu jubeln, der Schlaf ist verscheucht, alle springen auf, ein Muster edler Sitten; die jungen Mädchen und die Frauen lassen die Locken herab auf die Schultern fallen, das Rehfell wird in Ordnung gebracht, wenn im Schlafe die Bänder und Schleifen sich gelöst haben. Man umgürtet sich mit Schlangen, die vertraut die

Wangen lecken, einige Frauen nehmen junge Wölfe und Rehe auf den Arm und säugen sie ...« So versucht Nietzsche die griechische Läuterung der asiatischen Dionysos-Orgien ins Licht zu stellen und betrügt damit sich und seine Leser, denn Euripides hat diese Mädchenpensionatsszene nur vorausgeschickt, um das Grausige nachher, die Schlachtung des Pentheus durch eben die gleichen bacchantischen Frauen, um so drastischer dagegen abzuheben.

In der Endfassung der »Geburt« ließ er die gefährliche Euripidesszene beiseite, sprach aber dafür deutlicher von den asiatischen Festen, deren Zentrum »in einer überschwenglichen geschlechtlichen Zuchtlosigkeit« lag, und es folgt dann ein Satz, in dem das Ich des Autors sich mißbilligend und eben damit um so verräterischer zu Wort meldet: »Gerade die wildesten Bestien der Natur wurden hier entfesselt, bis zu jener abscheulichen Mischung von Wollust und Grausamkeit, die mir immer als der eigentliche ›Hexentrank‹ erschienen ist.«

Der eigentliche Hexentrank, das war der, der den »sündigen«, den wilden Nietzsche unwiderstehlich anzog, der ihn lockte und den er austrank, als er in der Zeit vor dem Wahnsinn an den Dionysos-Dithyramben schrieb. Aber schon in den »Fünf Vorreden zu fünf ungeschriebenen Büchern«, die er zu Weihnachten 1872, also ein Jahr nach dem Erscheinen der »Geburt«, Cosima schenkte, konnte sie in »Homers Wettkampf« einen Satz lesen, der ihrer Vorstellung von Hellenentum und Festesfreude energisch widersprach: »So haben die Griechen, die humansten Menschen der alten Zeit, einen Zug von Grausamkeit, von tigerartiger Vernichtungslust an sich.« Dieser Zug müsse uns, »die wir mit dem weichlichen Begriff der modernen Humanität ihnen entgegenkommen«, in Angst versetzen, so etwa, wenn Alexander der Große seinem Gegner Batis die Füße durchbohren und ihn lebend an seinen Wagen binden läßt, damit Achill nachahmend, der den Leichnam des Hektor hinter seinem Wagen herschleift. Haben nicht, fragt Nietzsche, auch die griechischen Bildhauer immer wieder ausgereckte Menschenleiber, sich krümmende Verwundete, ausröchelnde Sterbende dargestellt?

Etwas an diesen wilden Bildern mußte ihn faszinieren, die »weichliche Humanität«, die die unsrige, heutige ist, war ihm ein Graus. So endet denn auch die »Phantasie« aus dem Maderanertal, die er »Dionysische Weltanschauung« überschrieb, mit einem merkwürdig militärischen Schlußbild, obwohl es sich der Sache nach um die Begegnung von zwei Kunstwelten handelt: »Darum wälzt sich diese neue Kunstwelt (die dionysische ist gemeint) in ihrer wildfremden verführerischen Wunderbarkeit unter furchtbaren Kämpfen durch das apollinische Hellenentum.« »Kämpfen« war unterstrichen. Es war die Lieblingsvokabel des stillen Professors.

Es brauchte viel Arbeit, bis aus den 25 Druckseiten der »dionysischen Weltanschauung« das Buch »Die Geburt der Tragödie« wurde. Er arbeitete hinein, was er am Wege fand, weniger neue Einsichten als interessante Einfälle, Querverbindungen, Parallelen, mehr wagnerische und schopenhauerische Gedanken als historische Tatsachen und literarische Texte, mehr Ahnungen als Dokumente. Wie ihm zumute war bei dieser Arbeit, wie er sie gern beurteilt gesehen hätte, enthüllte er Freund Rohde in einem Brief vom 4. August 1871. Rohde möge, bis er es »besser und durchsichtiger« machen könne, mit dem »mystischen Dampfe der ersten Konzeption« zufrieden sein. Er habe sich, was Stil und Beweisführung angehe, strenge Anforderungen gestellt, »aber eine gewisse *alogía* wird man bei solchen Dingen nicht los«. Das war ein schönes griechisches Wort für fehlende Logik, und ein schönes Wort erfand er auch für seine Kunstphilosophie, eine zugegebenermaßen sonderbare »Metaphysik der Kunst«. Rohde hatte für dieses mystische und metaphysische Element das Wort »purpurne Dunkelheit« gefunden. Das gefiel Nietzsche unbeschreiblich. Purpur war die Farbe der Kaiser und Kardinäle. Es war der Adelsbrief für sein wildes Denken.

Er war nun Parteigänger, und begeistert beim Erscheinen seines Buches war die eigene Partei, die Wagners an der Spitze. Freund Gersdorff versicherte, in weniger gesetzten Jahren hätte ihn sein dionysischer Rauschzustand nach der Lektüre zur Umarmung von Menschen und Zerstörung von Laternen getrieben. Aber die Welt, auf die es ankam, die wissenschaftliche, schwieg. Kein Wort vom verehrten Lehrer Ritschl. Der hatte das Buch zum Jahresende 1871 vom Verlag bekommen und in seinem Tagebuch vermerkt »Buch von N. Geburt der Tragödie (= geistreiche Schwiemelei)«. »Schwiemelei« ist der liederlich verbrachte Abend oder die liederliche Ausschweifung der Phantasie, verwandt dem ausschweifenden Phantasieren am Klavier.

Nietzsche hielt das Schweigen schließlich nicht mehr aus und fragte am 30. Januar an: Er habe gehofft, daß Ritschl sein Buch als hoffnungsvolles Zeichen verstehen werde, hoffnungsvoll für die Altertumswissenschaft, hoffnungsvoll für das deutsche Wesen, »wenn auch eine Anzahl Individuen daran zugrundegehen sollte« (warum sollten sie, mußte der Adressat sich fragen). Nietzsche schrieb in aller Unschuld weiter, ihm liege vor allem daran, sich der jüngeren Generation der Philologen zu bemächtigen (genau dieses Gewaltwort gebrauchte er), und er sähe es als schmählich an (für ihn? oder für die Zeit?), wenn ihm dies nicht gelänge. Wieder griff der Geheimrat Ritschl zum Notizbuch und trug ein: »Fabelhafter Brief von N. (= Größenwahnsinn)«. »Fabelhaft« bedeutete damals soviel wie heute »toll«, zwischen »großartig« und »verrückt«.

Es dauerte eine Weile, dann meldete sich einer aus der jüngeren Generation, derer Nietzsche sich bemächtigen wollte, ein frischgebackener Doktor, Ulrich von Wilamowitz-Moellendorff, mit einer »Zukunftsphilologie« überschriebenen Streitschrift und forderte den ordentlichen Professor in Basel auf, von seinem Katheder herabzusteigen. »Sammle er Panther und Tiger zu seinen Knieen«, schrieb der junge Altphilologe, der eines Tages ein Großmeister seines Faches sein würde, »aber nicht Deutschlands Jugend, die in der Askese selbstverleugnender

Arbeit lernen soll, überall die Wahrheit zu suchen«. Es genügte, Nietzsche zu zitieren, um ihn lächerlich zu machen. Sein Denken war wirr gewesen, nicht *wirklich* wild, kein Ausbruch aus den Kulissen der Wirklichkeit von 1870, sondern nur der Abfall vom einen Idol, der strengen Wissenschaftlichkeit, und die Bekehrung zu einem anderen, zu Wagners Kunstreligion.

Sehr viel später, 1886, hat Nietzsche der »Geburt der Tragödie« eine neue Vorrede vorangestellt, den »Versuch der Selbstkritik«, in der harte Sätze – Hammersätze nach Nietzsches Lieblingsausdruck – gegen sein Buch stehen: Es sei »schlecht geschrieben, schwerfällig, peinlich, bilderwütig und bilderwirrig, gefühlsam, hie und da verzuckert bis zum Femininischen, ungleich im Tempo, ohne Willen zur logischen Sauberkeit, sehr überzeugt und deshalb des Beweisens sich überhebend ...« Hätte man es einstampfen sollen? Nein, es war für eine zweite Auflage zu retten, und also mußte nach diesem Verriß die Rechtfertigung folgen: Aus der »Geburt der Tragödie« sprach der »Jünger eines noch unbekannten Gottes«, »ein Geist mit fremden, noch namenlosen Bedürfnissen, ein Gedächtnis strotzend von Fragen, Erfahrungen, Verborgenheiten, welchen der Name Dionysos wie ein Fragezeichen mehr beigeschrieben war«. Warum diese Seele, wie es dann weiter heißt, hätte singen sollen, statt zu reden, wird uns bald beschäftigen.

Er war, inzwischen siebenundzwanzig Jahre alt, gescheitert, daran führte kein Weg vorbei. Die klassische Philologie war für ihn, er für sie gestorben. Da half weder Freund Rohdes Broschüre »Afterphilologie« noch Richard Wagners öffentliches Eintreten für ihn. Er hatte vieles falsch gemacht, und es lohnt sich ein Rückblick auf die Jahre der Wagner-Freundschaft, der Basler Professur und der mühseligen Geburt der »Geburt der Tragödie«, um festzuhalten, wie unsicher er in seinem Selbstgefühl gerade angesichts des Glückszufalles von 1869 war.

Es begann mit dem Hochgefühl des Arrivierten, der sich vor allem der Familie gegenüber als einer aufspielen konnte, der es zu was gebracht hatte. So kam er im Februar 1869, noch in Leipzig, auf den Gedanken, die Mutter zu bitten, ihm einen Bedienten zu besorgen: »Er darf nicht zu jung sein, muß Neigungen zur Reinlichkeit und Ehrlichkeit haben. Es ist gut, wenn er Soldat war. Ich hasse den Naumburger Volksdialekt. Ein beispielloser Grad von Borniertheit wäre mir unerwünscht. Er kann dabei ein Handwerk treiben, wenn es reinlich und wohlriechend ist.« Das war mehr fürstlich als professoral und trotz gewisser humoristischer Wendungen sehr von oben herab.

Aus dem gleichen »fürstlichen« Gefühl ist ein merkwürdiger Satz zu deuten, den »Euer alter Fritz« am 24. Januar 1872 nach Hause schrieb. Jene Prinzessin Alexandra von Altenburg, die Nietzsches Vater einmal unterrichtet hatte, jetzige Großfürstin Konstantin, sollte ein schön gebundenes Exemplar der »Geburt der Tragödie« erhalten. Ein »hübscher Begleitbrief« sollte beigefügt werden, und um eines bittet der Sohn und Bruder ganz besonders: »Sprecht mir in Eurem Briefe von meinem Buche mindestens mit dem gleichen Respekt, mit dem Ihr etwa von der fürstlichen Person selbst redet.« Er war ein Fürst, ebenbürtig durch Geist.

Aus der gleichen Zeit stammt ein Briefentwurf an den alten Freund Paul Deussen. Da heißt es »nackt gesprochen«, Deussens Raisonnement in seinen Briefen erscheine ihm »unendlich unbedeutend und trivial«, und noch eins draufsetzend: »Wie sich mit einer solchen Flachheit des Denkens, einem so unphilosophischen Mangel an Lebensernst noch der Stolz, der lächerliche Bauernstolz paaren will, einen Höheren nicht anerkennen zu wollen«, das gehe ihm nicht in den Kopf. Der Brief wurde nicht abgeschickt. In Basel, im August, war Nietzsche wieder Deussens »treuer Freund« und schrieb bald danach dem »flachen Denker und unphilosophischen Kopf« einen der merkwürdigsten Briefe seines Lebens.

Zunächst entfaltet er das Panorama seiner Freunde und Gesinnungsgenossen, an der Spitze Rohde, »mir in rührender Liebe treu zugetan«, neuerdings Richard Wagner, »den größten Genius und größten Menschen dieser Zeit«; es folgen einflußreiche Frauen (Cosima und Frau Ritschl) und »gute Freunde und treue Kameraden« – »nicht wahr, das ist eine stolze Reihe von Namen, deren ich mich wohl erfreuen darf ...« Dabei sei er haushälterisch mit dem Wort »Freund« und gar nicht darauf aus, nähere Bekanntschaften zu machen. Ja, er prahlt auf die unbekümmertste Weise und wagt trotzdem zum Schluß den Satz: »Ich bin schon viel zu alt, um eitel sein zu können« (er ist vierundzwanzig!).

Der Brief wäre pennälerhaft, wenn eben die Aufzählung dieser »Was bin ich für ein Kerl« – Beispiele den jungen Professor nicht zum Nachsinnen einlüde. »Eine solche Freundesreihe«, schreibt er, »ist gewissermaßen eine Projektion unseres Innern nach außen, eine Art Tonleiter, auf der alle Töne unseres Wesens einen Ausdruck finden. Man wird nachdenklich ... Das Wunderlichste ist, daß man zur Beurteilung seiner selbst sich nie völlig fähig fühlt und beim Versuch dazu sich ebenso fremd ansieht und konstruiert als jeden beliebigen andern. Deshalb sind äußerliche Maßstäbe so nützlich wie die erwähnte Freundesreihe.« Das ist das verlegene Eingeständnis, daß er eigentlich gar keinen Begriff vom Eigenwert seiner Persönlichkeit hat, daß ein jäh hervortretendes übersteigertes Selbstbewußtsein ebenso plötzlich wieder weggespült werden kann – so daß er in aller Naivität ausgerechnet Deussen, den Verachteten, bittet, ihm doch seine Betrachtungen über die Freundesliste mitzuteilen.

Nur wenn man die extremen Schwankungen im Selbstbewußtsein dieses Freundes der Erlauchten, dieses ausgewiesenen Glückspilzes in Rechnung stellt, werden die Seufzer verständlich, die über den Brief an Deussen verstreut sind: »Zum Glück und zur Heiterkeit bin ich wohl nicht geboren« und: »Wir leiden alle schwer am Leben. Glücklich die harmlosen Blinden ...«

Es bohrt und nagt in ihm. Der Seufzer-Brief an Deussen – mitten aus dem Tribschener Glück heraus – zeigt, daß er nichts mit Schillers selbstgefälligem Polykrates gemein hat. Nicht: »Gestehe, daß ich glücklich bin«, sondern »Bestätige mir, daß ich nicht ganz allein bin«, müßte seine Devise sein. Sein neuer Glaube, der Kultur-Idealismus (wenn man ihn so nennen darf), der Enthusiasmus des Konvertiten, ist an die Erlauchtheit der Glaubensgenossen und die Vorbildlichkeit des Religionsstifters gebunden, aber die Wagnerianer hat er bald als zweifelhafte Gesellen durchschaut, und der zum Gott verklärte Wagner selbst enthüllt immer deutlicher sein Menschlich-Allzumenschliches.

5. Kapitel

Lebensplan I
»De la musique, encore et toujours«

Musik war die erste große Leidenschaft des Kindes und des Knaben Fritz, es war die letzte Sorge des Philosophen vor dem Zusammenbruch. Mit vierzehn schrieb er in seinem noch schwankenden Deutsch: »Ich war an den Himmelfahrtstag in die Stadtkirche gegangen und hörte den erhabenen Chor aus den Messias: das Halleluja! Mir war, als sollte ich mit einstimmen, deuchte mir doch, es sei der Jubelgesang der Engel, unter dessen Braußen Jesus Christus gen Himmel führe.« Zum Händelschen Messias gesellte sich am Allerseelentag Mozarts »Requiem«: »Wie mir die Worte *›Dies irae, dies illa‹* durch Mark und Bein gingen ...« Und dagegen »das wahrhaft himmlische Benedicktus!!« Nach dem Messias, so erzählt er, begab er sich sogleich ans Komponieren und freute sich über jeden gelungenen Akkord. Er begann das »Tongefüge« zu erlernen, so daß ihn die vielen verschriebenen Bögen Notenpapier »nicht dauerten«.

Der alternde, vereinsamte Nietzsche, allein in Turin, plant seinem »Fall Wagner« eine Schrift »Der Fall Nietzsche« folgen zu lassen, von seinen beiden Musikantenfreunden Peter Gast und Carl Fuchs zu verfassen. Fuchs schreibt er, es schade nicht, wenn er ihn »ein wenig als Musiker« behandle, »den stupiden Deutschen käme das nie in den Kopf«. Und ganz ähnlich an Peter Gast: die »kleine« Zugehörigkeit zur Musik und »beinahe« zu den Musikern sei ein unschätzbarer Punkt für das spätere Verständnis »jenes psychologischen Problems, das ich bin«. Es sei ein »Brückchen«, auf dem sogar die Deutschen, diese schwerfällige Rasse, dazu kommen könnten, sich für »eine ihrer seltsamsten Mißgeburten« zu interessieren.

In der Tat, die »deutsche Reihe«, in die er sich von Anfang an stellt, ist nicht die der großen Philosophen (mit der einzigen Ausnahme Schopenhauers), sondern die der »Säulen« Mozart und Haydn, Schubert und Mendelssohn, Bach und Beethoven, und es hat etwas Rührendes, daß er sich gerade davon ein »Brückchen« zu seinem deutschen Publikum erhofft, oder ist es wirklich zu »stupide« dazu? So ist der Weg von seiner frühen Begeisterung für Händels Halleluja bis zu seiner letzten Botschaft an den Freund und Komponisten Peter Gast (die zu den sogenannten Wahnsinnsbilletts gerechnet wird) nicht so weit, wie es scheint: »Meinem maestro Pietro: *Singe* mir ein neues *Lied:* die Welt ist verklärt und alle Himmel freuen sich.« »Singet dem Herrn ein neues Lied« ist ein berühmter Psalmenvers. Den nimmt Nietzsche-Zarathustra-Dionysos, der Stifter einer neuen Religion, nun für sich in Anspruch, und ist auf seine Weise doch wieder das glückliche Kind, das nach dem Rausch des Halleluja zum Stift greift, um abenteuerliche Noten zu Papier zu bringen. Er unterzeichnet dieses Billett, als einziges, nicht mit Dionysos, sondern mit »Der Gekreuzigte«: Der Gekreuzigte befiehlt das neue Lied für seinen Nachfolger, die neue Liturgie, die auf ihre Weise so aufjubeln, so erbrausen wird wie einst Händels Halleluja.

Das ist längst vorbereitet durch die neuen Kompositionen, die Nietzsche in seinen fruchtbarsten philosophischen Schaffensjahren für eben diese zukünftige Liturgie aufzeichnet, zuerst in dem »Hymnus an die Freundschaft«, über den Nietzsche am 2. Januar 1875 die mütterliche Freundin Malwida von Meysenbug ins Bild setzt. Der Hymnus an die Freundschaft ist jetzt zweihändig und vierhändig anzustimmen; seine Form ist diese:

Vorspiel der Freunde zum Tempel der Freundschaft
Hymnus erste Strophe
Zwischenspiel – wie in traurig-glücklicher Erinnerung
Hymnus zweite Strophe

Zwischenspiel, wie eine Wahrsagung über die Zukunft
Ein Blick in weiteste Ferne
Im Abziehen: Gesang der Freunde, dritte Strophe und Schluß.

Nicht nur der »Tempel« weist auf eine Kultgemeinde hin, auch der Wechsel zwischen den Strophen des Hymnus und den Zwischenspielen läßt vermuten, daß da für das »Kloster« oder die »Akademie« unter den Fittichen Malwida von Meysenbugs an einen neuen Gottesdienst gedacht war. Der »Blick in weiteste Ferne« ist in eben diese Zukunft, auf diese Zukunftsreligion hin gerichtet.

Sieben Jahre später trifft Nietzsche Lou von Salomé. Sie machen in Thüringen Ferien, und Lou bringt Nietzsche ein eigenes Gedicht, »Gebet an das Leben« mit. Als sie abgereist ist, schreibt Nietzsche ihr (Ende August 1882): »In Naumburg kam wieder der Dämon der Musik über mich – ich habe Ihr ›Gebet an das Leben‹ komponiert; und meine Pariser Freundin Ott, die im Besitz einer wundervoll starken und ausdrucksvollen Stimme ist, soll es Ihnen und mir einmal vorsingen.« »Vorsingen« ist unterstrichen, so wie »singe« und »Lied« in der Psalm-Botschaft an Peter Gast. Erst gesungen tritt das komponierte Gebet, ohnehin schon ein liturgischer Text, voll in die Wirklichkeit, ins »Erlebnis« ein. Aber nicht genug mit Madame Ott, die in jenem wundersamen Paris wohnt, wo es ihn immer hingezogen hat, wohin er mit der neuen Freundin Lou ziehen möchte. Im nächsten Brief an Lou meldet er ihr, daß Professor Karl Riedel, der Präsident des Deutschen Musikvereins, für seine »heroische Musik« und ihr »Lebensgebet« Feuer gefangen habe, »er will es durchaus haben«, möglicherweise werde er es für seinen »herrlichen« Chor zurechtmachen. Das sei ein Weg, wie sie beide zur Nachwelt gelangen könnten, »andere Wege vorbehalten«.

Das sind gewiß Lockmittel für Lou, aber es ist ihm immerhin so ernst damit, daß er bei Frau Ott anfragt, ob sie nicht ein stilles Zimmer in Paris für ihn habe, während er Gast seine Musik mit der Bitte schickt, den »laienhaften Strich und Griff« als Fachmann zu verbessern. Er begründet seine Bitte damit, daß er das Lied gerne öffentlich aufgeführt sähe, »um die Menschen zu meiner Philosophie zu verführen«.

Auch »verführen« ist unterstrichen. Die Allgewalt der Musik soll den Weg bahnen zur von ihm selbst als halsbrecherisch empfundenen Philosophie. Gast macht diese Hoffnung zunichte: er findet die Musik »christlich-kriegerisch«, »kreuzfahrermäßig«; bei den nicht seltenen schrillen Dissonanzen habe er die Vorstellung aneinanderprallender Schilde. Dies wiederum stört Nietzsche keineswegs, er schickt Gasts Brief an Lou weiter, sie werde ihre Nebengedanken dazu haben – nämlich offenbar solche, die das Christliche abzögen, aber das Kriegerische dieser neuen Musik billigten. Sie hatte ja den Satz gewagt, Nietzsche sei der Stifter einer neuen Religion, die Helden zu ihren Jüngern haben werde.

Die weiteren Schicksale des »Hymnus an das Leben« mag man in den Anmerkungen der Janzschen Edition des musikalischen Nachlasses nachlesen. Sie zeigen einen wahrhaft unermüdlichen Nietzsche, der erst die Korrektur seiner eigenen Notierung, dann eine Fassung für Chor und Blasorchester betreibt, schließlich und endlich, 1887, von Gast eine weitere für Chor und Orchester anfertigen läßt, die als einzige Komposition Nietzsches im Druck erscheint, als das Bleibende, das seinen Tod überdauert und »zu meinem Gedächtnis« aufgeführt werden soll. Deutlich wird auch in diesem Wunsch der liturgische Charakter: »Tut dies zu meinem Gedächtnis« ist ja das letzte Wort jenes Gesalbten, den Nietzsche abzulösen träumt. Das hindert übrigens nicht, daß er schon zu seinen Lebzeiten die Aufführung zustande bringen möchte und die Druckexemplare an Dirigentengrößen wie Hermann Levi, Felix Mottl, Hans von Bülow verschicken läßt. Eine handschriftliche Fassung geht an den musikalisch versierten Freund Gustav Krug. Da wagt er eine noch kühnere Charakterisierung: »eine Art Glaubensbekenntnis in Tönen, das sich dazu eignen möchte, einmal ›zu meinem Gedächtnis‹ gesungen zu werden«. Aber auch in diesem, das Liturgische betonenden Brief meldet sich der Komponistenehrgeiz: Ob Krug sich das Werk nicht vorführen lassen wolle, er erinnere sich an die »herrliche Klangwirkung« des Gürzenichsaales. Alle Mühen waren dann freilich umsonst, Mottl fand das »hohe a des Soprans im piano« zu gewagt und hätte gern größeren melodischen Reichtum gesehen. Erst 1905 nahm ein Musikschriftsteller, Paul Riesenfeld, von dem Musiker Nietzsche Notiz: Er schrieb in der »Allgemeinen Musikzeitung« über »Nietzsche und die moderne Musik«.

Strikt musikalisch gesprochen hört Nietzsches Komponieren mit dem »Hymnus an die Freundschaft« auf, denn der »Hymnus an das Leben« ist nur eine erweiterte Neufassung des ersten. Achtet man mehr auf die Begleitumstände, auf die Einbettung der Musik in Leben und Ideen, so ist bei beiden Werken der Bogen interessant, den Nietzsche zurück zu seiner Knabenzeit schlägt. Über die Weihnachtszeit 1874/75, in der der Freundschaftshymnus entstanden ist, schreibt er an Malvida (2. Januar 1875): »Außerdem habe ich meine Jugend-Kompositionen revidiert und geordnet. Es bleibt mir ewig sonderbar, wie in der Musik die Unveränderlichkeit des Charakters sich offenbart; was ein Knabe in ihr ausspricht, ist so deutlich die Sprache des Grundwesens seiner ganzen Natur, daß auch der Mann daran nichts geändert wünscht.« Die Unvollkommenheiten der Technik rechnet er dabei ab, aber für die strahlende Identität zwischen dem Knaben und dem Mann bedeutet diese Einschränkung wenig. Die »Jugend-Kompositionen« sind kein Kinderspiel, kein Steckenpferd, sondern der Ursprung, in dem das Genie sich regt.

Der Fund, die Entdeckung der musikalischen Verwandtschaft des Knaben mit dem Mann, wiederholt sich auf überraschende Weise im Jahr des »Hymnus an das Leben«. Nietzsche ist am 23. Juli 1882 eigens nach Naumburg gereist, um Schwester Elisabeth, die nach Bayreuth eingeladen ist (er nicht!), auf die Uraufführung des »Parsifal« vorzubereiten. Schon am 25.

schreibt er an Peter Gast, was sich da unversehens und »seltsam genug« abgespielt hat. Seiner Schwester habe er gesagt: »Ganz diese Art Musik habe ich gemacht, damals als ich mein Oratorium machte.« Nun habe er die alten Papiere wieder hervorgeholt und nach langer Zeit wieder gespielt: »Die Identität von Stimmung und Ausdruck war märchenhaft!« Diesmal ist es die Identität zwischen dem Knaben Nietzsche und dem alten Wagner, aber das macht nichts, denn »einige Stellen erschienen uns beiden ergreifender als alles, was wir uns aus dem P. vorgeführt hatten, aber doch ganz parsifalesk!« Wie denn ausgerechnet mit dem Parsifal, der den Anlaß abgab für Nietzsches Bruch mit Wagner? Die in der Tat seltsame und erschreckende Antwort: »Ich gestehe: mit einem wahren Schrecken bin ich mir wieder bewußt geworden, wie nahe ich eigentlich mit Wagner verwandt bin.« Die maßlose Selbstüberschätzung des Musikanten Nietzsche, wenn es so gemeint sein sollte, braucht hier nicht zu wundern. Man muß die Einzelheiten prüfen, um den Motiven dieser Annäherung auf die Spur zu kommen.

Was Nietzsche aus Kindertagen wieder ausgegraben hat, ist das Weihnachtsoratorium, und was dieses mit dem Parsifal verbindet, ist wiederum das Liturgische, das »Weihefestspiel«. Besonders der »Tod der Könige« in seinem Weihnachtsspiel hat den Rückblickenden ergriffen: Weist das nicht auf den unglücklichen Amfortas hin? Und »Ausdruck« und »Stimmung«, sind das nicht die Elementarfakten der Musik, jenseits alles kompositorischen Virtuosentums?

Aber dem Briefschreiber, der die Familienähnlichkeit konstatiert hatte, kamen dann doch Zweifel. Peter Gast möge sein Urteil überprüfen, und überhaupt, er wolle den Parsifal nicht loben, denn »welche plötzliche décadence ist da im Spiel!« Ergriffenheit und Abwendung, das liegt bei Nietzsche Tür an Tür. Gerade zwei Monate später, in dem Brief an Lou, in dem er das »Lebensgebet« als Chorwerk ankündigt, erzählt er von der Carmen-Musik, die er im Café Rosenthal in Leipzig gehört hat, »und ich ging eine halbe Stunde unter in Tränen und Klopfen des

Herzens«. So wie Wagners Parsifal dem Weihnachtsoratorium antwortet, so Carmen, dieser musikalische Vitalitätsausbruch, dem Lebensgebet. Beide sind »Ausdruck« und »Stimmung«, beide mächtiger, als es Worte je zu sagen vermöchten. Im Zweikampf Wagner-Bizet siegt vitale Leidenschaft gegen Dekadenz, wie immer es auch um die Kunst der beiden Rivalen bestellt sein mochte.

Blickt man vom Freundschaftshymnus und vom Gebet an das Leben zurück auf die Zeit der Wagner-Freundschaft, so liegt die Frage nahe, ob da, im Zeichen der dionysischen Liturgie, nicht auch schon der Komponist Nietzsche seinen Beitrag geleistet habe. In der Tat: er wird pünktlich, als Weihnachts- und Geburtstagsgabe, 1871 an Frau Cosima abgeliefert, mit dem Titel »Nachklang einer Sylvesternacht, mit Prozessionslied, Bauerntanz und Mitternachtsglocke.« Es ist, so schreibt er am 13. November an den Musikfreund Krug, eine »dionysische Manifestation«, mitunter »triumphierend«, aber auch »schmerzlich ausgelassen«. Aus der Herbst-Ferienstimmung ist das Stück entstanden, die Freunde sind mit ihm über den Knabenberg gewandert, und die alte Knaben-Stimmung ist wieder da, die Zeit, als er seine slawischen Tanzlieder schrieb. In der Prozession und im Glockenläuten klingt auch das Alt-Liturgische nach. »Wem schadet es«, fragt er in dem Brief an Krug, »wenn ich mich alle 6 Jahre einmal durch eine dionysische Weise von dem Banne der Musik freikaufe?« Sonst spricht er auch vom »Dämon der Musik«. Das ist klar gesehen: Komponieren ist eine Ausschweifung, eine Triebbefriedigung, die einzige nachhaltige, in der seine Hemmungen fallen.

Der Fauxpas, aus Naivität und Selbstüberschätzung geboren, besteht darin, daß er seine Komposition der Frau des großen Komponisten schenkt, gewissermaßen wetteifernd mit dem Herrn von Tribschen, der seiner Frau ein Jahr zuvor bei gleichem Anlaß das »Siegfried-Idyll« verehrt hat. Viel später, nach dem Bruch, erzählt Cosima, wie es zugegangen ist an jenem Silvesterabend.

Sie hat mit Hans Richter zusammen Nietzsches Musik gespielt, da äußert sich beim Abdecken des Tischs der gutschweizerische Diener mit dem Sätzchen »scheint mir nicht gut«, und alles bricht in Lachen aus. Auch Wagner, erst ungeduldig sein Barett knetend, lacht mit und witzelt: »Da verkehrt man nun schon seit anderthalb Jahren mit dem Menschen, ohne dergleichen zu ahnen; und nun kommt er so meuchlings, die Partitur im Gewande.«

Tatsächlich herrschte in Tribschen im Januar 1872 trotz des professoralen Fehlgriffs noch Heiterkeit und Harmonie, das hatte die »Geburt der Tragödie« bewirkt. Cosima dankte herzlich für den »Nachklang« und erinnerte an das Wagner-Konzert in Mannheim, das sie gemeinsam mit Nietzsche gehört hatte: »Wir sind wieder vor kurzem zusammen glücklich gewesen, in dem Bund des gemeinsamen Glaubens, der selig macht, wir wollen von dem Neujahrsdämon erbitten, uns solche A-Dur-Stunden wieder zu gönnen, die die Liebe und Treue so fühlbar und beseligend machen.« »Zusammen glücklich«, das liest Nietzsche gern, aber Cosima meint nur die Gemeinsamkeit im Glück, dem Meister zuzuhören. Die »A-Dur-Stunden« sind für die dionysische Gemeinde eine Chiffre wie der Hymnus an die Freude aus der Neunten, sie beziehen sich auf den tänzerischen Schwung eines Satzes der siebten Symphonie. Cosima ist huldvoll-liebenswürdig gegen den genialen jungen Mann, mehr gibt sie nicht her. Sie hört Wagners Musik wie Religion, er erlebt sie als Orgie. Später, im beginnenden Wahnsinn, raubt Nietzsche-Dionysos dem Wagner-Theseus die Braut Ariadne-Cosima.

Wagner seinerseits dankt Nietzsche überschwenglich für die »Geburt der Tragödie« (am 10. Januar 1872). Er entschuldigt sich geradezu für die sonst bei ihm übliche scherzhaft-schulterklopfende Allüre. »Sie sind tief«, steht da kurzum, »und gewiß ersehen Sie in meinem Verkehr mit Ihnen keine Oberflächlichkeit.« Dieser allgemeine Satz leitet zu der Bemerkung über, die sich Wagner abgerungen hat, um dem Komponisten Nietzsche die Ehre zu geben: »Ich verstehe Sie auch mit dem Sinne der musikalischen Komposition, mit welcher Sie uns so sinnig überraschten. Nur fällt es mir schwer, mein Verständnis Ihnen mitzuteilen. Und daß ich diese Schwierigkeit empfinde, beklemmt mich eben.« Es schließt sich daran ein Kompliment der gleichen rhetorischen Sorte, die Nietzsche in seinen Huldigungsbriefen an den Meister verwendet: »... was hätte ich Ihnen zu sagen, das Sie nicht wüßten und aus Ihrem Innersten sich selbst sagen könnten?« Nietzsche, ach, weiß genau, was er sich selbst nicht zuverlässig sagen kann: ob er nämlich als Komponist nur ein Stümper sei, oder ein hoffnungsvolles Talent. Mit Freund Krug kann er musikalisch fachsimpeln, der schickt ihm (am 9. März 1872) eine ins einzelne gehende Kritik der Silvesternachtklänge. Er schreibt etwa: »Übrigens ist das Ganze höchst klaviermäßig und nimmt sich, wenngleich orchestral gedacht, in seinem jetzigen Gewande ganz vorzüglich aus.« Was er daran anschließt, ist vermutlich dem Freund aus dem Herzen gesprochen: »Wie müßte erst die Wirkung des Orchesters sein. Wagner könnte dir eigentlich den Freundschaftsdienst leisten, Dein Werk farbenprächtig zu instrumentieren und es aufführen zu lassen.«

Nietzsche sah nicht, daß eben dies, die Kompositionshilfe von dem erhabenen Freund, schlechterdings unmöglich war. Der war ein Meister der Orchestrierung, und was er da am Silvesterabend ungeduldig angehört hatte, war für ihn gänzlich inkommensurabel, ein Knabenstreich, eine Kinderei.

Nietzsche war glücklich über das Lob Wagners für die »Geburt der Tragödie«, das der Meister selbst »grenzenlos« nannte. Aber es genügte ihm nicht. Ein einziges Wort der Anerkennung für das dionysischere seiner beiden Weihnachtsgeschenke hätte ihn mehr entzückt und getröstet als das vollmundige Lob für den Preisgesang auf Richard Wagner als den Erneuerer der griechischen Tragödie.

Es ließ ihm nun keine Ruhe mehr; die schwarze Stimmung, in der er sich nun trotz aller Wagnerei (oder gerade deswegen) befand, suchte ihrerseits einen dionysischen, diesmal schmerzlich-tragischen Ausgang, auch den erbrachten Beweis, daß er es doch könne, nicht als das spielselige Kind, sondern als Mann, der weiß, was er tut. Auf den 25. April ist die Reinschrift der »Manfred-Meditation« datiert, am 22. April ist Wagner nach Bayreuth abgereist, am 25. ist Nietzsche in Tribschen und hilft beim Packen, am 30. reist Cosima mit allem Familienzubehör dem Meister nach. Der ist nun für lange Zeit entschwunden, der Katzensprung, das »wie ein Kind im Haus«, die vertrauliche Beziehung als naher Helfer und Gedankenfreund für Cosima, das alles ist zu Ende.

Die Nietzsche-Forscher haben der »Manfred-Meditation« wenig Aufmerksamkeit geschenkt. Der Hinweis, den Nietzsche selbst in seiner Wunsch-Biographie »Ecce homo« gibt, führt in die Irre. Dort heißt es »Ich habe eigens, aus Ingrimm gegen diesen süßlichen Sachsen, eine Gegenouvertüre zum Manfred komponiert.« Der süßliche Sachse ist Schumann. Manfred stellte für Nietzsche, seitdem er mit siebzehn Byrons dramatische Dichtungen verschlungen hatte, den Lord in seiner schwärzesten Verfassung und seiner weltschmerzlichsten Pose dar, und »Meditation« (nicht Ouvertüre) war nur ein milder Ausdruck für das, was in ihm tobte und wütete. Ein paar Verse aus Byrons verstecktem Selbstportrait in »Lara« zeigen, wie nahe die Selbststilisierung nach Byrons Modell dem jungen Nietzsche lag:

Verachtung aller lebt' in ihm, als träfe
Längst alles Weh des Lebens seine Schläfe;
Er stand ein Fremdling in der Menschenwelt,
Ein sünd'ger Geist, gestürzt vom Sternenzelt,
Ein grübelnd Hirn, das gern sich die Gefahr
Ausmalt, der er durch Glück entgangen war,
Umsonst entgangen war; denn für sein Herz
War ihr Gedächtnis Wollust halb, halb Schmerz.
Mit einer Fähigkeit des Liebens, die
Natur dem Sohn des Staubs nicht oft verlieh,

Träumt' er das Gute, das nie ist, und dann
Ward der enttäuschte Knab' ein bitterer Mann.

Bis Gut und Böses kaum er mehr erkannte
Und fast des Willens Taten Schicksal nannte.
Zu hoch für niedre Selbstsucht, gab er wohl
Manchmal sein eig'nes hin für andrer Wohl,
Doch nicht aus Mitleid, nicht weil Pflicht ihn zwang,
Nein, ein verkehrter rätselhafter Drang
Trieb fort ihn mit geheimem Übermut,
Zu tun, was außer ihm kein andrer tut,
Ein Hang, der wenn Versuchung zu ihm trat,
Auch ebenso ihn trieb zu böser Tat.

Zwar wandelt' er mit andren ihren Pfad
und tat und sprach, wie jeder sprach und tat,
Schlug nie Vernunft und Sitte vor die Stirn:
Sein Wahnsinn saß im Herzen, nicht im Hirn.

Manfred, düsterste Inkarnation von Byrons Weltschmerz, war ein einsamer, in magischen Künsten erfahrener Fürst in seinem Alpenschloß. Die reizende Frauengestalt, die er beschwört, löst sich in Nichts auf, nur ihre Stimme bleibt ihm im Ohr: »Du selbst sollst deine Hölle sein!« Das fand Nietzsche ebenso für sich passend wie die Schlußszene, in der Manfred, verzweifelt, dennoch weder zu seiner alten Religion zurückkehrt noch sich von den Dämonen, faust-artig, verlocken läßt. »Hinweg!« ruft er ihnen zu, »ich sterbe so, wie ich gelebt – allein!«

Genau das war Nietzsches »schwarze« Stimmung. »Manfred-Meditation« hieß, bei solchen schmerzlichen Gedanken lustvoll verweilen. Mit der Komposition gab er sich insofern wenig Mühe, als er das einführende Thema einfach aus seiner Silvestermusik übernahm. Aber schon die Wahl des Titels war ein Programm und ein Signal, und in die Komposition verpackte er alle düsteren und bitteren Klänge, derer er habhaft werden konnte. Dem Laien, der das Musikstück durchblättert, fällt an einer Stelle, in einem Presto-Satz, *ein fortissimo feroce* auf, also ein »wildes«. So war ihm zumute.

Nun lag das Werk da, was mit ihm tun? Wie konnte er Klarheit darüber gewinnen, wie sich Genie und Stümperhaftigkeit in seinem Ein und Alles, der Musik, zueinander verhielten. Er tat den zweiten Fauxpas, beging eine Art von Verrat, als er die Reinschrift ausgerechnet an Hans von Bülow schickte, Cosimas ersten Mann, von dem sie erst vor kurzem geschieden worden war. Lange hatte Bülow als betrogener Ehemann gelten und leben müssen, hatte sich am Ende arrangiert und, zwischen Selbstachtung und Dirigentenruhm wählend, sich für den letzteren entschieden. Nietzsche war dabei, als er 1872 in München den »Tristan« dirigierte. Kurz und gut, er wagte nicht, Wagner zu befragen, der doch den väterlichen Freund spielte und die Geistesgaben des jungen Freundes außerordentlich hoch einschätzte, sondern, so kalkulierte er, lieber eine Gegeninstanz. Die Antwort, das Urteil kam fast postwendend und war vernichtend. Bülow urteilte, was immer er von Nietzsche denken mochte, als Musiker, als Kompositionsfachmann.

Nietzsche hatte im Begleitschreiben vorgebeugt: Er stellte sich als Dilettanten vor, der »entsetzliche Musik« mache, »lachen Sie mich aus«. Aber eben dies war *fishing for compliments,* kompositorische Mängel hätte der Kritiker ruhig feststellen können, wenn er nur dem Entsetzlichen, der genialen Untergründigkeit dieses »Manfred«, sein Lebensrecht ließ. Aber nichts von dem; der Schüler wurde nicht in die letzte Bank zurückversetzt, sondern aus der Klasse geworfen: »Ihre ›Manfred-Meditation‹ ist das Extremste von phantastischer Extravaganz, das Unerquicklichste und Antimusikalischste, was mir seit langem von Aufzeichnungen auf Notenpapier zu Gesicht gekommen ist.« So zu lesen in einem einzigen unerbittlichen, niederschmetternden Satz, dem die Versicherung vorangegangen war, daß er dem anderen Nietzsche, dem »genial-schöpferischen Vertreter der Wissenschaft«, Verehrung zolle. Nachdem so der Baum gefällt war, wurde Kleinholz gemacht. Hatte Nietzsche eine Parodie der »Zukunftsmusik« beabsichtigt? Hatte er absichtlich »allen Regeln der Tonverbindung von der höheren Syntax bis zur gewöhnlichen Rechtschreibung« Hohn gesprochen? In der musikalischen Welt sei seine Meditation, was in der moralischen ein Verbrechen ist; später nennt er es mit Namen: Notzüchtigung Euterpes, der Muse der Musik.

Damit noch nicht genug, zum Tiefschlag noch der Spott: Apollinische Elemente habe er nicht entdecken können, und was das Dionysische angehe, erinnere es ihn mehr an den Tag nach dem Bacchanal als an ein solches – unausgesprochen: Katzenjammer und Katzenmusik. Dann der erhobene Zeigefinger, die Lektion: »Haben Sie wirklich einen leidenschaftlichen Drang, sich in der Tonsprache zu äußern, so ist es unerläßlich, die ersten Elemente dieser Sprache sich anzueignen: eine in Erinnerungsschwärmerei an Wagnersche Klänge taumelnde Phantasie ist keine Produktionsbasis.« Zum Schluß der Zeigestock aufs Vorbild: Auch die äußersten Wagnerschen Kühnheiten sind tonsprachlich korrekt bis ins kleinste Detail der Notation. Und als guter Rat: Wenn er das Komponieren durchaus nicht lassen könne, dann bitte Vokalmusik; das Wort möge in dem Nachen, »der Sie auf dem wilden Tonmeere herumführt«, das Steuer handhaben.

Bülow, der Dirigent, ist in seiner fachmännischen Ehre gekränkt, daß man ihm derartiges Zeug vorzusetzen wagt. Das entbindet ihn von allen »zivilisierten Banalitäten«, gibt ihm den Knüppel in die Hand und erlaubt ihm Komplimente (»distingierter Geist«, »hoher und erleuchteter Geist«), die die Sache (»musikalisches Fieberprodukt«, »bedauerliche Klavierkrämpfe«) nur noch schlimmer machen. Was uns nicht umbringt, macht uns stärker, ist ein zur Binsenwahrheit gewordenes Nietzsche-Zitat. Zwei peinliche Niederlagen, eine öffentliche (Wilamowitz-Moellendorff) und eine private, Bülows Brief, haben ihn nicht umgebracht. Er rührt kein Klavier mehr an, versichert er Rohde, der den Bülow-Brief lesen darf, aber bald tröstet ihn ein Wort Liszts, der Bülows Kritik »desperat« nennt, als ob dieser alle eigene Verbitterung in seine Philippika gesteckt hätte.

Erst im Oktober, der hohen herbstlichen Zeit, die er liebt, nach einem ermutigenden Brief Wagners, der ihm Liszts Urteil über die »Manfred-Meditation« mitteilt, wagt er eine Antwort auf Bülows Brief, die logischerweise eine Selbstverteidigung enthält. Aber die Selbstverteidigung ähnelt fast einer Beichte. Kein Wort darüber, daß Bülow ihm Hiebe und Fußtritte versetzt hat. Nur Abschwächungen und Entschuldigungen: Hätte er selbst ihm vorspielen dürfen, »schlecht doch ausdrucksvoll«, wäre Bülows Urteil vielleicht um einen Grad günstiger ausgefallen. Im ganzen sei alles ein Jugendirrtum. Zwar habe er Theorie bei Albrechtsberger gelernt, auch Fugen »en masse« geschrieben, sei also des reinen Stils fähig, aber mitunter »überkam mich ein so barbarisch-exzessives Gelüst, eine Mischung von Trotz und Ironie«, daß er selbst kaum unterscheiden könne, was in seiner Musik Ernst, was Karikatur, was Hohn sei. Die ursprüngliche Bezeichnung der Stimmung bei dem Manfred-Stück sei *»cannibalido«* gewesen. Er könne nicht leugnen, daß die Mischung aus Pathos und Bosheit in diesem Stück seiner Stimmung voll entsprach und ihm das höchste Vergnügen bereitet habe. Er nennt sich »mondsüchtig« und seine Musikerregung »halb psychiatrisch« (statt »psychotisch«).

Dies ist in einem säuberlich aufbewahrten Entwurf zu lesen, der nicht abging. Im abgesandten Brief fehlen diese Einblicke in den Geisteszustand. Dafür sind die Rückzieher deutlicher. Da steht, daß er Byrons Manfred als Kind geliebt habe, jetzt aber in dem dramatischen Gedicht nur noch »ein toll-formloses und monotones Unding« sehen könne, und damit, so darf man den Gedanken fortsetzen, eine Anstiftung, seinerseits durch Formlosigkeit zu sündigen und ein ähnliches Unding herzustellen.

Am auffallendsten ist der Schluß. Er werde Bülows Ratschläge nie vergessen, »ich sage, wie die Kinder sagen, wenn sie etwas Dummes gemacht haben ›ich will's gewiß nicht wieder tun‹ ...«

Ja, da steht's nun schwarz auf weiß: Die »Unmusik« als Exzeß, als kannibalische Wollust, als wildes Dreinhauen, und das »ich will's gewiß nicht wieder tun« ist ein Rückfall in die Kinderzeit wie die lustvolle Sünde selbst. Der kleine Pastor, der auf dem Wege ist, ein großer Immoralist zu werden, wird sich durch einen Bülow nicht beirren lassen.

Die Zerknirschung ist eingeübt, der Vorsatz, aus allen Fesseln auszubrechen, um so unerschütterlicher. Der Rundumschlag gegen die christlich, also demütig-duckmäuserisch geprägte Zivilisation wird dem Schriftsteller erlauben, was dem Familienmitglied und dem beamteten Professor untersagt ist: wild zu werden. Die Musik hingegen bleibt eine lustvoll ausgeübte private Regelverletzung, wenn auch mit der Grundüberzeugung, daß sich auf keine tiefere, elementarere Weise die Persönlichkeit, die er ist, ausdrücken könnte. In jenem Oktoberbrief, der Nietzsche über die Schlappe der Bülowschen Verdammung hinwegtrösten sollte, hatte Wagner geschrieben: »... im ganzen und in der Hauptsache muß wohl jeder durch sich, und nicht durch andere, über sich ins Reine kommen.« Das sollte seine Richtschnur sein.

Anderthalb Jahre später war neuer Wagner-Trost nötig. Die Sehstörungen waren schlimmer geworden, das schloß auch das Notenlesen ein. Cosima und Richard machten sich Sorgen, und daraus entstand, als Niederschlag eines Gesprächs zwischen Meister und Meisterin, der Brief vom 6. April 1874 mit dem Rat: Heiraten oder eine Oper komponieren: »eines würde Ihnen so gut wie das andere helfen«.

Beides war durchaus ernst gemeint, Ergebnis eines Familienrates angesichts eines schwierigen Kindes. Zuerst kam die Situation zur Sprache, Nietzsches Basler Umgang: nur Männer. Das könne nicht gutgehen und lege mancherlei Vermutungen nahe. Daraufhin der Rat, zu heiraten. Wagner hätte dem Apostel Paulus folgend hinzufügen können: besser heiraten als brennen.

Um so besser, wenn die Frau dazu noch reich sei. Dann könne er in alle schönen Gegenden der Welt reisen und außerdem seine Oper, wenn er sie denn geschrieben habe, aufführen lassen. Den kleinen boshaften Nebensatz, das werde freilich »schändlich schwer« sein, kann Wagner sich nicht ersparen. Vermutlich hat Cosima, die sich in Nietzsche besser einfühlen kann, das Einlenken bei der Oper anempfohlen: Warum soll Nietzsche sich nicht das unschuldige Vergnügen, die Erfüllung dieses absonderlichen Traums, gönnen? Wagner glaubt, ihn als Mann besser zu verstehen: Heiraten wird die lustvolle Not, den Zwang, sich im Freudenhaus der Welt wenigstens musikalisch auszuleben, mildern. Darum das »oder«. Heiraten ist die bürgerliche Lösung, das Unter-Dach-und-Fach. Aber es ist, gegenüber der Aufgabe, das ganze Moralgefüge dieser bürgerlichen Welt in die Luft zu sprengen, keine Lösung, sondern eine Versuchung. Als dann Lou erscheint, wagt er beides auf einen Nenner zu bringen: im Vorschlag einer auf zwei Jahre begrenzten Ehe, einem Zusammenleben also, das damals als »wilde Ehe« außerhalb aller bürgerlichen Ordnung stand.

Höchst sonderbar – und höchst bezeichnend – ist, wie er Wagners väterlichen Rat kontert, diese schulterklopfende Ermahnung, endlich vernünftig zu werden und eine Oper zu schreiben, so wie andere Leute Porzellan sammeln. Lange rührt er sich nicht, dann naht Wagners Geburtstag, der 22. Mai, bisher Anlaß zu Huldigungsschreiben, und eine Huldigung scheint auch diesmal Nietzsches Brief zu sein, herzlich bewundernd, Treue zu Bayreuth bekundend.

Dann berichtet er von sich selbst. Er stecke »mitten in der Musikerei«, welche er sich selbst nach dem modernen Prinzip der »Selbsthilfe« verordnet habe. Und nun anspielend auf Wagners Rat: »Zwar nicht die ›Oper‹ war's – auch nicht die Nachtigall (worüber bei meiner ›Musik‹ gar kein Zweifel bleibt), aber es war, mit Respekt zu reden, *meine* Musik und gefiel mir ganz absonderlich wohl.«

Der Vasall, der Jünger trumpft, Wagners Rat befolgend, jeder könne nur durch sich selbst ins reine kommen, gegen Wagner auf. Die Nachtigall ist zwar die aus Shakespeares »Romeo und Julia«, aber es kann natürlich auch eine Anspielung auf die aus Wagners »Meistersingern« sein. Und die ist es nicht, süß wie die Nachtigall hat er nie gesungen, sondern nach musikalischem Sachverstand »entsetzlich«. Das neue Werk, bekennt er, ist der »Hymnus an die Freundschaft«, und Wagner soll durchaus fühlen, daß damit jener Männerverein in Basel und anderwärts gemeint ist, dem seine ganze Liebe und Treue gilt. Und diese neue Komposition sei keineswegs so dilettantisch, wie man es bei ihm vermuten könnte. Er habe dabei viel gelernt, und niemals sei er in bezug auf figurierte Choräle so zufrieden mit sich selbst gewesen. »Figurierter Choral« ist ein *terminus technicus;* nur der Musiker weiß, was es ist, nämlich ein Choral, dessen Melodie in rhythmische Notengruppen aufgelöst ist. Es hat etwas Rührendes, wie sich zum Trotz des Vasallen, der auf *seiner* Musik besteht, der Fleiß des Kindes fügt, das Fortschritte zu vermelden weiß.

Vor diesem Erlebnishintergrund wird erkennbar, welch gewaltige Bedeutung die »Geburt der Tragödie«, diese Wagner-Kampfschrift, für ihn selbst und für das Hervortreten seiner eigentlichen Mission hat. Mit dem Titel-Stichwort »aus dem Geiste der Musik« umschreibt sie Nietzsches eigenes Philosophieren. Was Musik dafür bedeutet, ist aus einer sehr viel späteren Briefstelle abzulesen. Dem Musikfreund Peter Gast schreibt er am 22. Februar 1881: »Hinter diesem ganzen Buche (es ist die »Morgenröte«) klingt mir meine Musik zu Manfred.«

Musik ist der Urgrund. Sie steht vor dem Wort, chronologisch und genetisch. Sie ist, wie Schopenhauer es gelehrt hat, vor aller Zeit. Wagner konnte an dieser Frage kein primäres Interesse haben. In seinem »Gesamtkunstwerk« flossen Musik und Wort partnerschaftlich zusammen. Er war höchstens, wiederum durchaus selbstbezogen, geneigt, das, was er »absolute Musik« nannte, nämlich reine Instrumentalmusik, für etwas Abgeleitetes, Zweitrangiges zu halten; hatte nicht Beethoven, der größte aller Instrumentalkomponisten, seine letzte und größte Symphonie in einem Chorgesang gipfeln lassen? Nietzsche hingegen, obwohl gelegentlich auch Liederkomponist, war entzückt, daß die Griechen, seine Helden und Nothelfer, bei einer ihrer größten Schöpfungen, der Tragödie, mit der dionysischen Musik angefangen und ihr erst im Entwicklungsprozeß das Wort und den Dialog hatten folgen lassen. So war auch die Lyrik, deren Name von der Lyra herrührt, Musik, die sich das Wort fügsam gemacht hatte. Dionysos, der Urheber und Gründer, blieb der Schöpfergott, gegen Apoll, dem Nietzsche gern die Bildhauerkunst überließ, die doch nur Abbilder, Nachbildungen herstellen konnte. In der Tat, der Griechenverehrer, der von einer Wiederkunft der griechischen Schönheit träumte, hat in seinem Leben keinen Schritt unternommen, um ein griechisches Bildwerk mit eigenen Augen zu sehen. Apollinisch war er beim besten Willen nicht, nicht einmal in Rom.

Vielleicht hängt damit zusammen, daß er später die »Geburt der Tragödie« als »bilderwütig« und »bilderwirrig« kritisiert und sich als Schriftsteller zu immer größerer Vorsicht im Gebrauch von Bildern erzogen hat. Dafür achtete er immer sorgfältiger auf die rhythmische Phrasierung und erreichte so am Ende jene klassische Prägnanz und Brillanz, die ihn vor allen Zeitgenossen auszeichnet und ihn als Sprachkünstler neben Goethe und Stifter stellt. Dieselbe musikalische Meisterschaft zeigen die Gedichte, die er gerade in den letzten Jahren seiner schriftstellerischen Existenz wieder wagt und die er am liebsten »Lieder« nennt, bis hin zu den Dionysos-Dithyramben. So ist er, ohne daß Zeitgenossen und Nachwelt dies voll erkannt hätten, der größte deutsche Lyriker der zweiten Jahrhunderthälfte geworden.

Das war das Ergebnis langen Lernens, ständiger Erziehung auch durch das eigene Fach, zu dem die Stillehre und die Stilregeln der antiken Rhetorik wesentlich gehören. Disziplin und Askese waren Begriffe und Ideale, denen er sich gerne und bewußt unterordnete, wenn es darauf ankam. Wenn er hingegen in der Musik – trotz mancher gegenteiliger Versicherungen – keinerlei Anstalten machte, das Komponieren zu lernen, sich das Handwerksmäßige anzueignen, so hat das seinen guten Grund, den er freilich nie kundgetan hat. Die Musik, die er als Naturanlage oder frühe Leidenschaft in sich trägt, entzieht sich aller Lehre und Handwerklichkeit. Es ist durchaus überzeugend, wenn er (am 22. Februar 1881) an Gast schreibt, daß ihm »hinter seinem Buche« (»hinter« unterstrichen) seine Musik zu Manfred erklinge, und er fügt ein »Denken Sie sich!« hinzu, um auf das Wundersame dieser musikalischen Inspiration aufmerksam zu machen. Auf der anderen Seite trifft der Züricher Kapellmeister Friedrich Hegar den Nagel auf den Kopf (und drückt sich damit weit weniger verletzend aus als der zornentflammte Bülow), wenn er bei der Rücksendung der »Manfred-Meditation« anmerkt: »Freilich fehlt dem Ganzen, was die Gestaltung der musikalischen Ideen anbetrifft, die Erfüllung gewisser architektonischer Bedingungen so sehr, daß mir die Komposition mehr den Eindruck einer stimmungsvollen Improvisation als eines durchdachten Kunstwerkes macht« (im April 1874).

Die Architektonik ist in der Musik ein Bild, das den *bildenden* Künsten entnommen ist. Sie war in keinem Sinne Nietzsches Stärke. Wie oft hat er angesetzt, um aus den verschiedenen Entwürfen die »Geburt der Tragödie« zusammenzuflicken, das Eigene und das Wagnerische, das Philologische mit dem Dichterisch-Prophetischen unter ein Dach zu bringen. Es gelang ihm, ging ihm gut von der Hand die rasche Streitschrift; es kostete ihn unendliche Mühe, die Architektur eines größeren Werkes nach einem Plan aufzuführen. Das belegen am Ende die vergeblichen Anstrengungen und immer neuen Anläufe, für das letzte große Werk Gliederung und Titel zu finden. Daran scheiterte er in der Musik.

Wenn man aus der »Geburt der Tragödie« das eigentlich Nietzschische Element herausschälen will, ergibt sich ungefähr folgendes. Belegt und nachweisbar ist, daß in sehr früher Zeit das Meisterwerk der griechischen Tragödie aus dem Kult des Dionysos, des Gottes des Weines und des ewig blühenden Lebens, hervorgegangen ist. Der Name »Tragödie« bedeutet »Bocksgesang« und verweist auf die Satyrn, die Gefolgsleute des Dionysos. Den gleichen Ursprung hat auch eine frühe lyrische Form, der Dithyrambos. Der Ursprung der großen Dichtung, so folgert Nietzsche, ist die Musik, in Chören vorgetragen. Dazu trat der Tanz und in einem weiteren Schritt das Theater mit Handlung und Figuren, wie wir es heute verstehen (und – nach Meinung Nietzsches – mißverstehen). »Aus dem Geiste der Musik« ist das Schlüsselwort, die These.

Eine weitere These soll hier versuchsweise vorgeschlagen werden. Wenn in Nietzsches Lebensplan die Musik als Urprinzip eine so gewaltige Rolle spielt, wenn sie unter der Chiffre des Dionysischen als neue Erlösung vorgestellt wird, wenn ferner Nietzsche sich selbst als den Helden und Propheten einer griechischen Wiedergeburt versteht, sich in der »ewigen Wiederkehr aller Dinge« selbst als Handelnden und altes Handeln Erneuernden fühlt, dann wäre *er* – nicht Wagner – derjenige, der die Wiedergeburt der Tragödie aus dem Geiste der Musik vollzieht. Wenn er in seinen Kompositionen scheitert (nicht einmal sein Bewunderer Gast kann ihn da loben), so muß *seine* Tragödie wenigstens eine musikalisch inspirierte und grundierte Dichtung sein. Das ist der »Zarathustra«, den er selbst unmißverständlich mit *»incipit tragoedia«* (»hier fängt die Tragödie an«) ankündigt und den er selbst gern als eine Symphonie in vier Sätzen rühmt. Darum *muß* Zarathustra untergehen, wie jeder Tragödienheld.

Diese These beansprucht keine Ausschließlichkeit. Der »Zarathustra« ist gleichzeitig auch vieles andere, zum Beispiel eine Heilige Schrift in vier Büchern, aber das ist kein Einwand, denn auch die frühe griechische Tragödie war vielerlei, auch eine heilige Sache, war die Epiphanie jenes Gottes, der für die Begeisterung und das hochgestimmte Leben ebenso zuständig war wie für Schmerz und Zerrissenheit des Einzelnen. Diesem neuen Gott war auch mit »Tänzen und Umzügen« zu dienen (so der Titel eines für den »Zarathustra« geplanten Teiles).

Wenn dem so ist, wenn die Wiederkehr oder Wiederkunft der Dinge sich mit Nietzsche als dem Begründer eines neuen tragischen Zeitalters vollzöge, das in der frühen griechischen Zeit schon einmal unternommen worden war, dann erklärt sich als sozusagen notwendige Ergänzung der letzte Werk-Einfall: der Zyklus der Dionysos-Dithyramben. Der Dithyrambos ist, wie die Tragödie, ein Kind des Dionysos-Kultes. Der neue Dionysos tritt nicht nur mit einer Tragödie, sondern auch als neuer Dithyrambendichter vor sein Publikum, vielmehr vor seine Gemeinde.

Das eigentlich philosophische Werk Nietzsches, die großen Aphorismenbücher »Menschliches, Allzumenschliches«, »Morgenröte«, »Die fröhliche Wissenschaft«, »Jenseits von Gut und Böse«, »Zur Genealogie der Moral« bleiben als Ganzes von diesem Wiederkunftsmythos unberührt, sie enthalten aber Hinweise, Andeutungen, Fingerzeige, die dem Aufmerksam-Gewordenen nicht entgehen. Dieser andere Nietzsche hat sich als Philosoph in der Nachfolge der ältesten, vorsokratischen griechischen Philosophen stilisiert. Auch dies ist eine Wiederkunft und zugleich ein Teil seines Lebensplanes. Davon wird später die Rede sein.

Zum Schluß dieses Kapitels ist etwas über Nietzsches Musik*verständnis* zu sagen. Daß jemand, der sich in so hohem Maße der Musik verschrieben hat, für sie auch als Hörer, Liebhaber, Kenner zuständig sei, liegt als Vermutung nahe. Der Streit über seine Musik-Urteile entzündete sich daran, daß Nietzsches Äußerungen über Wagners Musik sich schroff widersprechen, und zwar nicht nur dem Wechsel von enthusiastischer Freundschaft zu radikaler Gegnerschaft folgend, sondern auch innerhalb des gleichen Zeitraumes. So schreibt er im Sommer 1888 die Schmähschrift »Der Fall Wagner«, im Dezember des gleichen

Jahres »Nietzsche contra Wagner«, dazwischen aber die autobiographische Schrift »Ecce homo« mit dem Schlüsselsatz: »Das, worin wir verwandt sind, daß wir tiefer gelitten haben, auch aneinander, als Menschen dieses Jahrhunderts zu leiden vermöchten, wird unsere Namen ewig zusammenbringen ...« Ende Dezember des gleichen Jahres schreibt er an den Musiker Carl Fuchs: »Das, was ich über Bizet sage, dürfen Sie nicht ernst nehmen; so wie ich bin, kommt Bizet tausendmal für mich nicht in Betracht.«

Derlei Widersprüche hängen nicht nur von Affekten, Zuneigung oder Feindschaft, oder von wechselnden Stimmungen ab. Sie sind vor allem durch strategische Überlegungen bestimmt. In der Schrift »Ecce homo«, die Nietzsche der Nachwelt vorstellen und seine Legende festschreiben soll, gilt der welthistorische Maßstab: die »Sternenfreundschaft« der Titanen. In den Streitschriften *muß* Wagner als der Kranke, als der *décadent* und Jugendverderber, bekämpft werden, damit der Gesundmacher Nietzsche, der Heiland des neuen Äons, um so mächtiger und strahlender hervortrete. Da wird Wagner als Zauberer ausstaffiert, da tritt er als Werbeagent für »schlechte« Musik auf, die nicht mehr Schönheit und Melodie anbietet, sondern das Überwältigende: »Warum nicht lieber das Gigantische? Es ist leichter, gigantisch zu sein, als schön.«

Der Schweizer Dichter Carl Spitteler, als Autor einer Prometheus-Dichtung Nietzsche wohlgesonnen, schrieb zum »Fall Wagner«: »Wer möchte sich überhaupt Nietzsche zahm und schüchtern wünschen? Liegt doch seine Bedeutung nicht zum wenigsten in seinem gewaltigen Denkermute, der uns um so teurer wird, je mehr Achselklappen anderswo die Gedanken tragen ...« Von Denkermut konnte da allerdings kaum die Rede sein. Was Nietzsche unternahm, war die uns heute als »mediengerecht« geläufige Zuspitzung des Widerspruchs und der Attacke zur schärfsten Negativformel, zum »Verriß«, bis zu solchen aus der Feder des Laien-Komponisten Nietzsche wahrhaft unglaublichen Sätzen wie dem höhnischen: »Man kann aller Tugenden des Kontrapunkts entraten, man braucht nichts gelernt zu haben, – die Leidenschaft kann man immer!«

Man könnte im Hin und Her von Anbetung und Animositäten den Fall Wagner für Nietzsches Musikalität ganz beiseite lassen, wenn nicht doch gewisse Entwicklungen festzustellen wären, die für seine Vorlieben und Abneigungen allgemein auszumachen sind. Der erste Schritt ist das Überwechseln von den Klassikern in das Lager der »Zukunftsmusik« – also zu den umstrittenen Modernen, in der Reihenfolge Schumann – Liszt – Wagner. Mit dem zweiten beginnt die hoffnungslose Verliebtheit in jenen Wagner, für den bis heute die Masse der Opernbesucher am nachdrücklichsten votiert: für den Motiv- und Melodienreichtum des »Tannhäuser«, der »Meistersinger«, des »Tristan«. Mit dem »Ring« beginnen die Probleme: die Kopfschmerzen beim Hören der »Walküre« in Bayreuth, die Bezeichnung der »Götterdämmerungs«-Musik als »verworren«. Mit dem »Parsifal« spalten sich die Gefühle: Abscheu vor Wagners Kniefall vor dem Kreuz, Seelenverwandtschaft in Erinnerung an das eigene Weihnachtsoratorium.

Banal klingt die Feststellung, Nietzsche habe eigentlich an aller zügigen, eingängigen, melodisch eindeutigen Musik Gefallen gefunden, er sei für »Ohrwürmer« empfänglich gewesen. Sie trifft aber genau zu und bedarf nur noch der Ergänzung, daß er solche unmittelbar »packende« Musik unendlich viel intensiver erlebte als das Gros der Hörer. Die einfachste Formel dafür: Musik war seine Droge. Wo auch immer er sich aufhielt, er drängte ins Konzert wie andere zum Bier. Als Knabe, als Student und zum Schluß als Privatgelehrter mit kargen Mitteln gab er den letzten Groschen dafür aus. Leichte Musik, Volkstümliches, Militärkapelle, das war ihm als Befriedigung eines Urtriebes immer und überall willkommen. Bizets »Carmen« in ihrer südlichen Vitalität wurde der Musterfall seiner schrankenlosen Musikverfallenheit, die keine Frage nach der Rangordnung stellte.

In der Formel »Ohne Musik wäre das Leben ein Irrtum« hat

Nietzsche den Tatbestand seiner eigenen Musik-Hörigkeit lakonisch und dogmatisch zusammengefaßt. Sie steht in den »Sprüchen und Pfeilen« der »Götzen-Dämmerung« und wird durch die Bemerkung eingeleitet: »Wie wenig gehört zum Glücke! Der Ton eines Dudelsacks.« Der Satz, der folgt, erweitert das ländliche Dudelsack-Idyll zum Weltall hin: »Der Deutsche denkt sich selbst Gott liedersingend.«

Die Freundschaft mit Peter Gast, *vulgo* Heinrich Köselitz, ist Nietzsches letzter Trost. Er ist als Komponist nun der Partner, ja das »andere Ich«, das leisten wird, was ihm selbst versagt war: die Gegen-Oper zu Wagners für Germanen (»Gehorsam und lange Beine«) bestimmtem Werk. Er wird die Musik machen, von der er im Dahinphantasieren des »Ecce homo« träumt: »Musik des Südens, heiter und tief . . ., wie ein Nachmittag im Oktober«. Wortspielend wandelt er, dessen Heimat jetzt Turin ist, »jenseits der Alpen« in »diesseits« um. »Ich würde Rossini nicht zu missen wissen«, schreibt er, »noch weniger meinen Süden in der Musik, die Musik *meines* Venediger maestro Pietro Gasti.« Ja, Gast lebt wirklich in Venedig, und in Venedig ist Wagner gestorben, in dem Augenblick, so hat Nietzsche es sich zurechtgelegt, in dem sein Zarathustra fertig wurde. So wird der lebendige Venediger am Ende recht behalten gegen den toten, Zarathustra gegen Parsifal.

Daran mag vieles reichlich mystisch oder schlechtweg verwirrt sein. Aber in diesen späten Sätzen wird endlich die Urmusik freigesetzt, die der denkende und schreibende Nietzsche immer hat mitsummen lassen. Mit Logik hat der Satz »Wenn ich ein andres Wort für Musik suche, so finde ich immer nur Venedig« nichts mehr zu tun, ebensowenig wie der darauf folgende: »Ich weiß keinen Unterschied zwischen Tränen und Musik zu machen.«

Wer solchen Sätzen kritisch gegenübersteht, darf sagen, derlei – Tränen und Venedig zum Beispiel – habe mit wirklichem Musikverständnis gar nichts zu tun, sei das Assoziationsspiel oder Metaphernkunststück eines Literaten. So hat der brave

Wagnerianer Richard Pohl aus dem »Fall Wagner« Nietzsches Bekenntnis herausgepflückt: »Ich vergrabe meine Ohren noch *unter* die Musik, ich höre deren *Ursache* ... Und seltsam! Im Grunde denke ich *nicht* daran oder *weiß* es nicht, wie sehr ich daran denke. *Denn ganz andre Gedanken laufen mir währenddem durch den Kopf.*« Er verrate dadurch, daß er gar nicht musikalisch empfinden könne, meint Pohl. Tatsächlich hat Nietzsche diesem Einwand keine Sonate oder Symphonie entgegengestellt, sondern ein Gedicht. Es folgt unmittelbar auf den Tränen- und den Venedig-Satz und ist hinreißend schön.

An der Brücke stand
jüngst ich in brauner Nacht.
Fernher kam Gesang:
goldener Tropfen quolls
über die zitternde Fläche weg.
Gondeln, Lichter, Musik –
trunken schwamms in die Dämmrung hinaus ...

Meine Seele, ein Saitenspiel,
sang sich, unsichtbar berührt,
heimlich ein Gondellied dazu,
zitternd vor bunter Seligkeit.
– Hörte jemand ihr zu?

Dem Wagnerianer Pohl war es nicht gegeben, Nietzsche zu verstehen. »Unter« die Musik, bis zu ihrer »Ursache«, das hieß: tiefer, als das Denken sonst bei seiner Tiefenbohrung kommen kann. Unter die Schicht, bis zu der die Logiker, die Schulphilosophen vordringen. Das war ursprünglich mit der griechischen *»musiké«*, der Kunst der Musen, gemeint, neun einzelnen, ressortzuständigen göttlichen Damen, die doch zusammen *eine* Musenkunst, einen Zugang zu den tieferen Bereichen, als ihr Reich verwalteten. In diesem Bereich fallen wie bei Shakespeare oder Goethe, wie bei Hölderlin und Shelley Denken und Dichten zusammen. Darum schrieb Nietzsche in seinem letzten Jahr an Gast: »Musik gibt mir jetzt Sensationen wie eigentlich noch niemals. Sie macht mich von mir los, sie ernüchtert mich von mir, wie als ob ich mich ganz von ferne her überblickte, *überfühlte*; sie verstärkt mich dabei, und jedesmal kommt hinter einem Abend Musik (ich habe viermal Carmen gehört) ein Morgen voll resoluter Einsichten und Einfälle. Das ist sehr wunderlich. Es ist, als ob ich in einem natürlichen Element gebadet hätte. Das Leben ohne Musik ist einfach ein Irrtum, eine Strapaze, ein Exil.«

Zum Glück besitzen wir aus diesem letzten Jahr neben dem emphatischen Lobpreis der Musik im allgemeinen und der »Carmen« im besonderen und neben der immer subtileren Darstellung ihrer verwickelten Wirkungen auch die detaillierte Beschreibung eines Konzertbesuches in Turin. Daß damit, wie er schreibt, der stärkste Konzert-Eindruck seines Lebens verbunden war, darf man, ebenso wie die zahlreichen Superlative im Text, auf das Konto jener spätherbstlichen Euphorie setzen, die dem Ausbruch seines Wahnsinns voranging. Man erkennt darin, vergrößert und vergröbert, genau jenen Publikums- und Liebhaber-Geschmack, der ihn hinderte, Wagners enormes kompositorisches Können auch nur wahrzunehmen. Er schrieb: Das Turiner Konzert war zum Rundum-Wohlfühlen: 90 erste Musiker, ein ausgezeichneter Dirigent, herrliche Akustik, 2500 Zuhörer, lauter Musikkenner (»was hier Musik mitlebt und mitredet«). Lauter »extrem raffinierte« Sachen, das Publikum einen »intelligenten Enthusiasmus« bezeugend, keine Konzession an den Durchschnittsgeschmack. Mit dem gleichen Recht hätte er behaupten können, es sei das ideale Konzert für den Durchschnittsgeschmack, nämlich den des »gebildeten«, »gehobenen«, »musikliebenden« Konzertpublikums, gewesen.

Es wurden gespielt Beethovens Egmont-Ouvertüre, Schuberts Ungarischer Marsch, und dann: »nach dem 4ten Takte war ich in Tränen ... eine vollkommen himmlische und tiefe Inspiration – ich schwöre Ihnen zu, Musik allerersten Ranges, von einer Güte der Form und des *Herzens*, die meinen ganzen Begriff vom Italiener verändert.« Der Komponist heißt nicht Rossini, sondern Rossaro, ist 1870 in Turin gestorben, eine Lokalgröße, »ich weiß nicht mehr, was ›große‹ Namen sind . . .« Ein italienisches Musiklexikon weiß mehr als Nietzsche: Rossaro war ein glühender Wagnerianer. Unter seinen Werken meldet das Lexikon auch eine Komposition mit dem Titel »Moments d'enthousiasme à Venise«, war es dieses Stück, das Nietzsche zu Tränen rührte?

Das Konzert setzte sich mit Karl Goldmarks Sakuntala-Ouvertüre fort, »achtmaliger Beifallssturm . . . Alle Teufel, dieser Goldmark! . . . hundertmal besser gebaut als irgendetwas von Wagner, psychologisch so verfänglich, so raffiniert, daß ich wieder die Luft von Paris zu atmen begann.« Im Vergleich zur Feinheit dieser Ouvertüre, »lauter Filigran«, wirke die Tannhäuser-Ouvertüre (mit ihrem Venusberg) »wie eine Zote«. Ach, Goldmark war Ungar und in Wien musikalisch aufgewachsen, von Schumann und Wagner genährt, von Paris keine Spur. Was Nietzsche gefiel, war das beiden Metropolen Gemeinsame, Grazie und Eleganz, und er erlaubte sich, alles Deutsche, Wagner eingerechnet, und erst recht alles Sächsische, Schumann an der Spitze, plump zu finden.

Die offenkundige Naivität, manchmal auch die Absurdität seiner Urteile, die Verbohrtheit seiner Wagner-Feindschaft, das Behagen an dem, was heute »Salonmusik« heißt und als solche verachtet wird, sollen Nietzsche nicht angekreidet werden. In diesen Dingen war er ein Bürger des neuen deutschen Reiches, das er haßte, und selbst sein lebemännischer Traum von Paris, der ewig schwelte und sich nie erfüllte, war ein deutscher Traum. Es schadet ihm und uns nicht, wenn wir ihn auch so sehen, als das Kind, das bei Händels Halleluja Feuer fängt, als den wacker schmetternden Choristen in Bonn und Leipzig und zum Schluß als angespannt auf gerade Modisches lauschenden Konzerthörer inmitten eines ausgesuchten hauptstädtischen Publikums (er sagt's auf italienisch *»sceltissimo«*). Da stört auch die sehr bürgerliche Schlußbemerkung nicht: Das alles habe nur einen Franc gekostet.

Die ganz andere, die für seine Person und sein Werk eminent wichtige Seite ist, daß mit der Musik als Urgrund, mit dem neuen Gott, der von ihr mehr erfüllt ist als vom Wein, mit Dionysos, eine neue Kulturperiode deklariert werden kann: eine, die am Ende alle zivilisatorischen Bändigungen aufhebt und sich in der Wildheit der Kriege, der Grausamkeiten, des Rauschs und der sexuellen Ausschweifung ihr Bild ins Grandiose steigert.

An den Anstandsregeln, an der Strenge der Lebensformen rüttelt er nicht. Nur die Musik und das Denken dürfen alles, in ihnen kann er sich auslassen, hier darf er die Umwelt, und am liebsten die gelehrte seiner Kollegen, brüskieren, hier schafft und genießt er den Skandal. Darum läßt er sich die Bezeichnung »entsetzlich« für seine eigene Musik gern gefallen. Er meint den Schock, den das Kühne und Ungewohnte auslöst, und denkt nicht daran, daß auch der Unverstand und die Unfähigkeit Entsetzlichkeitsgrade annehmen können.

Das bedeutet aber keineswegs, daß er ein Neutöner, ein bewußt Moderner ist, der die gebahnten Wege der Komposition verläßt. Im Gegenteil: Er schätzt an Köselitz–Peter Gast, daß er »mozartisch« komponiert, daß er an »komischen Opern« arbeitet, die er ungestraft auch »Operetten« nennt. Über den Teufelskerl Goldmark, den Nietzsche so viel filigraner als Wagner fand, sagt das Musiklexikon, der völlige Mangel an origineller Erfindung und an kompositorischen Neuheiten erkläre, warum er heute nicht mehr aufgeführt wird. Von einem wirklich pariserischen Singspiel, über das er nur in seiner Zeitung, dem »Journal des Débats«, Aufregendes las, wird später zu berichten sein.

Eben in den sonnigen Dezembertagen des Jahres 1888 nimmt der Größenwahn, den der Einsame als Waffe gegen seine Mißachtung handhabt, klinische Formen an. Krankheitsanfälle wechseln mit lichten Augenblicken, Beruhigungsmittel werden von einem Turiner Neurologen verschrieben. Briefe und Botschaften gehen nun in alle Himmelsrichtungen, um den neuen Äon anzukündigen, oder bleiben auch als Entwürfe liegen.

In dem schönsten, längsten, geistreichsten dieser Wahnsinnsbriefe, vom 6. Januar 1889 an Jacob Burckhardt, darf die Musik noch einmal ihre alte Rolle spielen. Er fängt mit dem Scherz an, daß er viel lieber Basler Professor als Gott wäre. Jedenfalls habe er sich ein kleines Studentenzimmer reservieren lassen, »das erlaubt, die prachtvolle Musik unter mir, in der Galleria Subalpina, von meinem Arbeitstisch aus zu hören«. Der Idealzustand ist erreicht: um Musik zu hören, braucht er keinen Schritt mehr zu gehen und keinen Franc mehr zu bezahlen. So hübsch idyllisch ausgemalt dieses Bildchen ist, so nebelhaft wird es, wenn er über eine eigene Komposition berichtet: »Heute habe ich mir meine Operette – genial-maurisch – angesehen, bei dieser Gelegenheit auch mit Vergnügen konstatiert, daß jetzt Moskau sowohl wie Rom grandiose Sachen sind.« »Maurisch« verweist auf ein Spanien über Bizet hinaus, mit Palmen und Haremsgeheimnissen, »Rom« und »Moskau« sind offenbar die große Welt, die der Wahnsinn ihm verfügbar macht.

Als Freund Overbeck am 9. Januar 1889 eintrifft, tritt »ein fürchterlicher Moment« ein:

> »Ich erblicke Nietzsche in einer Sophaecke kauernd und lesend, entsetzlich verfallen aussehend, er mich erblickend stürzt sich auf mich zu, umarmt mich heftig, mich erkennend, und bricht in einen Tränenstrom aus, sinkt dann in Zuckungen aufs Sopha zurück, ich bin auch vor Erschütterung nicht imstande, auf den Beinen zu bleiben.
>
> ... Kaum lag Nietzsche stöhnend und zuckend wieder da, als man ihm das auf dem Tisch stehende Bromwasser zu schlucken gab. Augenblicklich trat Beruhigung ein, und lachend begann Nietzsche vom großen Empfang zu reden, der für den Abend vorbereitet sei. Damit war er im Kreise der Wahnvorstellungen, aus dem er dann, bis ich ihn aus den

Augen verloren, nicht wieder getreten ist, über mich und überhaupt die Personen anderer stets klar, über sich in völliger Nacht befangen. D. h., es kam vor, daß er in lauten Gesängen und Rasereien am Klavier sich maßlos steigernd, Fetzen aus der Gedankenwelt, in der er zuletzt gelebt hat, hervorstieß, und dabei auch in kurzen mit einem unbeschreiblich gedämpften Tone vorgebrachten Sätzen sublime, wunderbar hellsichtige und unsäglich schauerliche Dinge über sich als den Nachfolger des toten Gottes vernehmen ließ, das Ganze auf dem Klavier gleichsam interpunktierend, worauf wieder Konvulsionen und Ausbrüche eines unsäglichen Leidens erfolgten, doch wie gesagt, das kam nur vor in wenigen flüchtigen Momenten, soweit ich dabei gewesen, im ganzen überwogen die Äußerungen des Berufs, den er sich selbst zuschreibt, der Possenreißer der neuen Ewigkeiten zu sein, und er, der unvergleichliche Meister des Ausdrucks, war außerstande, selbst Entzückungen seiner Fröhlichkeit anders als in trivialsten Ausdrücken oder durch skurriles Tanzen und Springen wiederzugeben.«

Ich halte diese Schilderung für wenig freundschaftlich und für sehr bürgerlich: »So was tut man nicht!« und »Es war ja nicht anders zu erwarten!« Hätte Overbeck doch den Augenblick der tränenreichen Umarmung nur »erschütternd« genannt und nicht »fürchterlich«! Er kannte Nietzsche in allen Einzelheiten und hätte verstehen können, daß er nicht nur den neuen Gott verkörperte, mit wilder Musik und geheimnisvollen Sprüchen, sondern auch die zugehörigen Satyrn, die sich schon im Altgriechischen ziemlich unflätig ausdrückten und benahmen. Der Zahntechniker Bettmann, den Overbeck als Hilfe für den Rücktransport anheuerte, berichtet, daß Nietzsche fortwährend zu essen verlangte und »Frauenzimmer« haben wollte. Das war Satyrart, der Tiermensch, den er vierzig Jahre lang hatte unterdrücken müssen, meldete sich jetzt stürmisch. Nietzsche erkannte durchaus die alten Bekannten wieder, begrüßte sie nach alter Art – und spielte doch, ganz ohne Rücksicht auf sie – seine neugewählte Rolle als Gott, Fürst und Satyr.

Einiges hat Overbeck wieder gutgemacht mit dem Bericht von der nächtlichen Fahrt nach Basel. Nietzsche, mit Brompulver besänftigt und eingeschlafen, wird in der Nacht wach und singt, so Overbeck, ein venezianisches Gondellied, und das kann kein anderes sein als das herrliche »An der Brücke stand jüngst ich in brauner Nacht ...« Dieser nächtliche Sänger ist großartig genug, um den Irren, den schwankenden Gott und den lüsternen Satyr in den Schatten zu drängen. Aber wir wissen, sie alle sind *eine* Figur.

6. Kapitel

Sinnlichkeit

Von jenem herumspringenden Satyr Nietzsche, der den entsetzten Overbeck in Turin erschreckte, müssen wir einen großen Schritt zurückgehen bis zum Bild jenes idealen Satyrs, den Nietzsche im 8. Abschnitt der »Geburt der Tragödie« entwarf. Der enthüllt sich als der »wahre Mensch«, der zu seinem Gott aufjubelt, und sein Gott ist, wie wir wissen, Dionysos.

Vor diesem Satyr, so beteuert der junge Autor, »schrumpfte der Kulturmensch zur lügenhaften Karikatur zusammen«. Kein Tiermensch, so dichtete er überschwenglich weiter, sei er gewesen, sondern »Urbild des Menschen, der Ausdruck seiner höchsten und stärksten Regungen, als begeisterter Schwärmer, den die Nähe des Gottes entzückt, als mitleidender Genosse, in dem sich das Leiden des Gottes wiederholt, als Weisheitsverkünder aus der tiefsten Brust der Natur heraus, als Sinnbild der geschlechtlichen Allgewalt der Natur ...«

Was war dagegen der Schäfer, den das 18. Jahrhundert als Naturmenschen ausstaffiert hatte? Den griechischen Menschen hätte dessen Putz beleidigt, während sein Auge in erhabener Befriedigung »auf den unverhüllten und unverkümmert großartigen Schriftzügen der Natur« weilte. Die unverhüllten und unverkümmerten Schriftzüge der Natur sind eine dezente Umschreibung für die edle Nacktheit der Satyrn, und die erhabene Befriedigung des Griechen, der diese Nacktheit erblickte, war just das Gegenteil jener üblen Begehrlichkeit und Lüsternheit, die angeblich das Christentum über die Menschheit gebracht hatte.

So machte Nietzsches Enthusiasmus aus dem bärtigen und pferde- oder ziegenfüßigen Waldbewohner einen neuen Adam ohne Sündenfall. Jedermann weiß, die antiken Vasenbilder lassen keinen Zweifel an der Tierheit der Satyrn und an ihren eher komischen Bockssprüngen. Übermut, Ausgelassenheit, Geilheit waren ihre charakteristischen Eigenschaften, sie stellten begehrlich den weiblichen Naturwesen namens Nymphen nach. So wie sie waren, paßten sie aber nicht ins gewaltige Tableau einer ekstatischen, aber gleichzeitig edelgriechischen Lebensfeier. Also knetete Nietzsche, mehr Dichter als Philologe, sie sich nach Wagners Vorstellungen zurecht.

Wagner, das griffsichere Genie, hatte jenes lockere Verhältnis zur Überlieferung, das ihm erlaubte, mit deren Elementen nach seinem Nutzen umzuspringen. So war ihm auch das Satyrspiel nicht fremd, das in Athen pünktlich auf die Tragödienaufführungen zu folgen hatte. In der »Mitteilung an die Freunde« von 1851 erzählte er, wie ihm die Freunde nahelegten, eine Oper leichteren Genres zu verfassen, um endlich einen größeren Publikumserfolg zu erzielen, und als er wohlgemut ins Bad reiste, erschien ihm plötzlich »das Bild eines komischen Spieles, das in Wahrheit als beziehungsvolles Satyrspiel meinem ›Sängerkrieg auf der Wartburg‹ sich anschließen konnte.« Das waren die »Meistersinger«, und darüber läßt sich, – angesichts der Harmlosigkeit des Meistersingertextes – leicht spotten. Damals sah es anders aus, schon die Prügelszene des zweiten Aktes war ein echter Satyr-Unfug, geboren aus der »heidnischen« Vitalität der Sommerwende in der Johannisnacht.

Im Lebensbericht von 1851, unmittelbar vor der Erwähnung des Satyrspiels, entwickelte Wagner jene überschwengliche Liebes- und Sinnlichkeitstheorie, die der junge Nietzsche zu seiner eigenen machte, in deren Brünstigkeit er sich ebenso gerne einfügte wie in ihre, alle heiklen Details und peinlichen Fragen ausschließende Abstraktheit. Mit der ihm eigenen sprachlichen Umständlichkeit beteuerte der Meister, seine menschlich-künstlerische Natur habe sich als »Sehnsucht nach Befriedigung in einem höheren, edleren Elemente, als es die Genußsinnlichkeit der ihn umgebenden modernen Gegenwart bot«, geäußert, nämlich einem »reinen, keuschen, jungfräulichen, unnahbar und ungreifbar liebenden Hinschwinden aus der Gegenwart, Ersterben in einem Element unendlicher, irdisch unvorhandener Liebe«, das aber doch – auf dieses Paradox kam es Wagner an – »aus dem Boden der vollsten Sinnlichkeit entkeimt« war.

Mit dieser Volte schlug er die »in moderner Liederlichkeit geistreich gewordenen Kritiker« zurück, die ihm »eine spezifisch christliche, impotent verhimmelnde Tendenz« angekreidet hatten. Nichts, so verschwor er sich, liege ihm ferner: »Es war eine verzehrend üppige Erregtheit, die mir Blut und Nerven in fiebernder Wallung erhielt, als ich die Musik des ›Tannhäusers‹ entwarf und ausführte«, und noch einmal und noch heftiger: »Meine wahre Natur, die mir im Ekel vor der modernen Welt und im Drange nach einem Edleren und Edelsten ganz wiedergekehrt war, umfing wie mit einer heftigen und brünstigen Umarmung die äußersten Gestalten meines Wesens, die beide in einem Strom: höchstes Liebesverlangen, mündeten.«

Die Sinnlichkeit entfesselt, »brünstig«, und gleichzeitig edel, das gelang Wagner, diesem Helden des 19. Jahrhunderts, wenn auch nicht immer gerade gleichzeitig, perfekt mit Venusberg und Wolframsgesang, zuletzt mit Parsifal und Klingsors Zaubergarten. Aber Nietzsche, zuerst bestrickt und sich in Tribschen in der Nähe des Göttlichen fühlend, entdeckte Schritt für Schritt den faulen Zauber, und sein erstes bedeutendes Buch nach der Wagner-Freundschaft trug darum groß die Überschrift »Menschliches, Allzumenschliches«. Es war alles in allem eine Enthüllung.

Zum Allzumenschlichen gehörte im Wagnerkreis und vor allem im Bereich Cosimas der exzessive und sicher manchmal heuchlerische Gebrauch des Edelvokabulars. Erotik, wo immer sie auftrat, war versteckt und angedeutet. Was sollte sich Nietzsche denken, wenn er als Datumsangabe über einem Brief der Cosima (vom 24. Juni 1870) als Zitat aus den Meistersingern »Johannistag, Johannistag« fand? War nicht die Johannisnacht jene verheißungsvolle, erotisch knisternde, aus deren Zauber der wilde Umzug der Sankt-Johannis-Tänzer entsprang? Und »Johannistag« das Signal für die aus allen Liebeswirren entspringende kräftige Tat? Ja, so war's gemeint, der Köder war gelegt: »Sie schreiben in Bayreuth das Buch, und wir machen dem Buch Ehre.«

Nietzsche verstand. Ein bißchen versteckt kehrt im Buch, in der »Geburt der Tragödie«, das Signal Johannistag wieder: »Bei dem gewaltigen, die ganze Natur lustvoll durchdringenden Nahen des Frühlings« erwachen auch im deutschen Mittelalter dionysische Regungen: »immer wachsende Scharen wälzen sich singend und tanzend von Ort zu Ort, und in den Sankt-*Johann*- und Sankt-Veit-Tänzern sind die bakchichen Chöre der Griechen wieder zu erkennen«.

Das war, von Muse Cosima inspiriert, Sinnlichkeit auch nach Nietzsches Herzen. Das Bild der trunkenen Heerscharen mußte vage bleiben, Menschen umschlangen einander, ohne daß man Näheres hatte beobachten können. Auch Nietzsche konnte, bis in die Lehre des Zarathustra hinein, das Wagner-Wort »Keuschheit« mit einem neuen Glorienschein umgeben.

Fraglich ist nur, was man von einer Tagebuchnotiz aus dem Frühling oder Sommer 1877 halten soll, die sicher in einem Zusammenhang mit den mystisch-mänadischen Umzügen der »Geburt der Tragödie« steht, ohne daß aus dem Kontext bestimmte Schlüsse gezogen werden könnten: »Flöte der Zeit vorblasen, daß rascher und wirbelnder der Tanz wird – später die große Ruhe, wo schauernd wie in später Nachmitternacht, alles gespenstisch. Ich selbst bin in der Zeit, sie in mir – Selbsterlebtes, Selbst*orgiasmus*.«

Das letzte Wort wird in Dudens Großem Wörterbuch als »zügelloses, ausschweifendes Feiern (besonders altgriechische

Feste)« erklärt. So, vermutet man, ging es zum Beispiel bei den Mysterien des Dionysos zu. So mußte es Nietzsche wissen, so konnte er es sich in seinen geheimsten Phantasien vorstellen. Aber diese Feste waren ihrer Natur nach Gemeinschaftsveranstaltungen, und »Selbstorgiasmus« ist eigentlich ein Widerspruch in sich. Die Notiz räumt jedenfalls den Verdacht beiseite, Nietzsche habe sich nur rhetorisch an Wagners und Cosimas Weltumarmungsmythen beteiligt, es sei ihm nicht ernst damit gewesen.

Auch er war mittendrin im Rausch der Einander-Umarmenden, es war »Selbsterlebtes«, und im Traum konnte er sich die Gestalten der Tanzenden und der Verliebten so verführerisch vorstellen, wie er wollte. Das enthob ihn davon, dem Gedanken an das zeitweilige oder gar dauernde Zusammensein mit einer Frau, genannt Ehe, das aller Orgiastik entbehrte, in seinem Vorstellungsvermögen näher zu treten.

Wenn irgendeine Aufzeichnung, dann ist es diese, die Nietzsches »mystische« halluzinatorische Begabung deutlich macht, in der Tagtraum und Musik, Weltentanz und Sendungsbewußtsein sich unauflöslich verschlingen.

Es bahnte sich vieles an, es braute sich vieles zusammen: Nietzsche war auf dem Weg zur großen Philosophie, zu seinen Meisterwerken, deren erstes, »Menschliches, Allzumenschliches«, in seinem ersten Teil 1878 erschien, im zweiten Teil noch am Ende des Jahres als Manuskript an den Verleger ging. Und er fühlte sich unterwegs zu einem frühen Ende, dem früh verstorbenen Vater nach, halb blind, von unerträglichen Anfällen von Kopfschmerz gemartert, erschöpft, abgemagert, ein Schatten seiner selbst.

Zur Hilfe bot sich Paul Rée an, Jude, Philosoph und Rittergutsbesitzerssohn in einer Person und als Ferienfreund schon erprobt. Mit Nietzsche genoß er die Genueser Wintersonne des Februar 1882, des eigentlichen Schicksals- und Wende-Jahres; auch Rée, ein rührender und rücksichtsvoller Mensch, war theoretisch ein Immoralist. Beide waren nun frei, und Rée hatte

Geld dazu. Pläne wuchsen und wucherten, nicht mehr Paris, sondern eine andere Art von Abenteuer. Genua war die Stadt des Kolumbus, dessen Ausfahrt war die Chiffre für eine kühnere Ausfahrt, die Entdeckung eines neuen Kontinents. Das Neuland hieß der Süden. »Süden« war gleichbedeutend mit jener Sinnlichkeit, die das Christentum gekreuzigt und zerbrochen hatte. Im Süden lag Afrika, und schon 1880 hatte sich Nietzsche ein für seine neue Moral wichtiges afrikanisches Detail notiert. In der Sahara-Oase Biskra sei es üblich, daß die Töchter der Stämme rundum in die Oase kämen, um sich durch Prostitution eine Art Mitgift zu verdienen. Das gelte nicht als unmoralisch, sondern geradezu als »Pietät«, als frommer und familienfreundlicher Akt.

So wie es da stand, sollte es nur die Relativität aller Moral bezeugen, die an einem Ort das Gegenteil der Lehre eines anderen vorschrieb. Aber das Detail hatte sich in Nietzsches Phantasie festgesetzt, es war das Wunder von Paris, die freie Liebe, in einer urtümlichen, naturnahen, »wilden« Form. »Für nächstes Jahr habe ich mit Ihrem Herrn Bruder eine Reise nach Biskra, Algerien, Wüstenpost, Oase, Kamele, verabredet«, schrieb Rée an Elisabeth und ließ natürlich die Beduinenmädchen unerwähnt. Auch Tunis wurde ein Jahr später ins Auge gefaßt, das näher lag und vielleicht auch Wüstentöchter bereithielt. Gersdorff sollte mitfahren, für ein bis zwei Jahre, und da Gersdorff inzwischen das Malen als Leidenschaft betrieb, lockte Nietzsche: »Ein Maler des Genres findet in Tunis sein gelobtes Land: nur daraufhin mache ich dem Freunde diesen Vorschlag.«

Schon in eben jenem mit Rée verbrachten Genueser Februar fragte er bei Gast an, ob er für ihn nicht »eine große Zerstreuung« erfinden könne. »Ich möchte ein paar Jahre in Abenteuern verbringen, um meinen Gedanken Zeit, Stille und frische Erdkrume zu geben.«

Was sollte das heißen? Wo blieb das Schreiben? Wo die Philosophie? Wo die Musik? Ganz einfach: die Philosophie sollte nicht mehr mit dem Kopf anfangen, sondern mit den Sinnen, mit dem Trinken von Schönheit und Weite, von südlichem Licht und südlicher Luft, und die Töchter der Uled-Nail, die Wüstenkatzen, sollten – mindestens – dabei vortanzen. Wie das hätte aussehen können, hat Nietzsche in einem seiner großartigsten Gedichte, mit blitzender Ironie gegenüber dem alten Europa und seiner Moral und Wissenschaft ausgemalt. Davon wird noch zu reden sein.

Erst wenn man ihn so erfaßt, auflebend im Bewußtsein einer sich steigernden Schöpferkraft, zwischen den ihn bewundernden Freunden Rée und Gast, die »Fröhliche Wissenschaft« als die Lösung seines Daseinskonfliktes im Kopf, kann man die beiden Abenteuer des Jahres 1882 nachvollziehen: den plötzlichen Aufbruch nach Messina im März, und das Abenteuer mit Lou Salomé, das im April begann, nach seiner Rückkehr aus Sizilien.

Das Abenteuer mit Lou fiel ihm im wörtlichsten Sinne zu. »Von welchen Sternen sind Sie mir zugefallen?« lautete Nietzsches ominöse Frage, als er ihr im St. Petersdom, ausgerechnet an dem alten Mittelpunkt der zu zerstörenden Religion, begegnete. Die Fahrt nach Sizilien, auf einem alten Frachtensegler, dessen einziger Passagier er war, arrangierte er selbst, auf eigene Faust und eigene Kosten. Der in praktischen Dingen so Ungeschickte hat es gewagt, hat den Kapitän überredet, hat die nötigen Münzen locker gemacht.

Sizilien liegt vor der afrikanischen Tür, Tunis gegenüber, so wie Tunis vor jener zauberhaften algerischen Oase liegt, wo man bronzebraune Mädchen nur so pflücken durfte. Aber was gab es in Messina, das die Strapazen der Fahrt hätte aufwiegen können, die Seekrankheit, die totale Fremdheit in einem Land, von dessen Sprache Nietzsche nur ein paar Worte radebrechte.

Man findet ein ganzes Kapitel darüber in einem dickleibigen Buch, das 1989 erschien, mit dem Titel »Zarathustras Geheimnis«. Der Autor, Joachim Köhler, Kulturredakteur in Hamburg, setzte viel Scharfsinn und advokatorisches Geschick für die These ein, daß Nietzsche homoerotisch veranlagt gewesen sei, dieser Neigung nur heimlich nachgehend und sie in geheimnisvollen Anspielungen seines Werkes versteckend.

Die Reise nach Messina ist Köhlers stärkster Trumpf, denn südlich von Messina, in Taormina, hatte sich ein Deutscher, ein Herr von Gloeden, niedergelassen, ein homosexueller Flüchtling ausgerechnet aus dem fernen Mecklenburg, der nicht nur sanftgebräunte und schönäugige Epheben liebte, sondern sie auch in allerlei antikischen Posen fotografierte. Mit den Fotos trieb er einen schwunghaften Versandhandel. Homosexualität wurde schon damals in Italien nicht bestraft, und was der Herr von Gloeden in Deutschland an griechenknabensüchtige Liebhaber verkaufte, war nicht mehr strafbar, sondern Kunst.

Gewiß, der klassische Philologe Nietzsche war auf dem laufenden, daß es dergleichen im alten Griechenland, also auch in Sizilien, dem griechischen Siedlungsland, gab, und es ist nicht auszuschließen, daß er Immoralist genug war, um auch einer solchen Liebhaberei einmal nachzugeben. Aber eben weil mit dem Altertum vertraut, wußte er auch, daß die Knabenliebe die Liebe zu Frauen nicht ausschloß, sondern nur auf sehr griechische Art ergänzte, als ein höherer erzieherischer Auftrag oder, sehr viel niedriger rangierend, als ein apartes Laster.

Wie es wirklich um ihn stand, was er dachte und wünschte, das hat Nietzsche vor der Abfahrt nach Messina in acht Gedichten niedergeschrieben, die er dann bewußt irreführend als »Idyllen aus Messina« drucken ließ, als ob sie erst auf der Insel gedichtet worden seien. Es sind aber auf jeden Fall wirkliche Idyllen, was zu deutsch »Bildchen« heißt, zierliche Drechseleien, Nachweise, daß dieser ehemalige Professor eine leichte Hand habe wie nur je ein großer Poet und so singe, wie der Vogel singt, der in den Zweigen wohnet. So erfindet er für sich selbst den Titel des »Prinzen Vogelfrei« und dichtet:

Vergessen hab' ich Ziel und Hafen,
Vergessen Furcht und Lob und Strafen:
Jetzt flieg ich jedem Vogel nach.

Nichts mehr mit der Vernunft:

> Das Fliegen gab mir neue Kräfte
> und lehrt mich schönere Geschäfte,
> Gesang und Scherz und Saitenspiel.

Zum Schluß bittet er die »schönen Vögelchen«, sich im Kreis um ihn zu setzen und zuzuhören.

Das zweite Gedicht, auf ein Schiff mit dem Namen »Engelchen«, läßt erkennen, welchen Geschlechts die Vögelchen sind:

> Engelchen: so nennt man mich –
> Jetzt ein Schiff, dereinst ein Mädchen,
> Ach, noch immer sehr ein Mädchen!
> Denn es dreht um Liebe sich . . .

Das dritte Gedicht ist die Klage eines verliebten Hirten, daß sein Mädchen nicht kommt, das vierte ist »Die kleine Hexe« überschrieben, das fünfte »Das nächtliche Geheimnis«, das sechste richtet sich an ein Mädchen auf dem Camposanto in Genua, das in seiner Grabschrift als »amorosissima« bezeichnet wird, und die beiden letzten sind der verblüffenden Tatsache gewidmet, daß aus dem Philosophen so unversehens ein zärtlicher Liedersänger und Mädchenfreund wurde.

War das alles fauler Zauber, Tarnung, Ablenkungsmanöver? Schlicht undenkbar. Eines der Gedichte führt auf eine Spur: Das Klagelied des Ziegenhirten ist »an meinen Nachbar Theokrit von Syrakusa« adressiert. Nietzsches Modell waren Hirtengedichte, und Nietzsches Mädchen waren den zierlichen und zärtlichen Mädchen des Theokrit verwandt; sein klagender Ziegenhirte war so komisch wie der des »Nachbarn« aus dem sizilischen Syrakus, und wenn er dann, bald und unwiderstehlich angezogen, in dieses glückliche theokritische Land entfloh, so vielleicht auch in der vagen Hoffnung, dort immer noch süßen Nymphen und kecken kleinen Hexen zu begegnen.

Was konnte ihm nicht alles durch den Kopf gehen bei dem Zauberwort Sizilien? Homers Insel der Seligen, Goethes Aufenthalt auf der Insel und sein Versuch, eine »Nausikaa« zu schreiben (und schon hatte er Peter Gast nahegelegt, das gleiche als Komposition zu versuchen!). Übrigens, auch Wagner war wintershalber nach Palermo gereist, und Genua mit seiner herrlichen Wintersonne war, sobald die Sonne schwand, nicht zum Aushalten kalt.

Ob es ihm dann in Sizilien so gut ging, wie er es selbst in kurzen Karten Mutter, Schwester und Freunden mitteilte, ist aus keiner Quelle zu erschließen. Er werde verwöhnt, meldete er der Familie, bei Gast setzte er noch »und verderbt« hinzu. Was zur Verwöhnung gehört, sind die Preise: »drei Apfelsinen für vier Pfennige«! Jedenfalls will er den Sommer über bleiben.

Vorerst sind ein paar Genueser Details aus der Zeit vor der Abreise noch nachzutragen, um Nietzsches Gemütslage zu erhellen. Sie haben mit Musik zu tun und weisen über die Musik hinaus auf eine besondere Art von Sinnlichkeit. Ende November 1881 berichtet er Peter Gast, er habe »Carmen« gehört; bei den Franzosen sei die Leidenschaft »nicht so weit hergeholt« wie bei Wagner; Anfang Dezember hört er »Carmen« zum zweitenmal und folgert: »Für mich ist dieses Werk eine Reise nach Spanien wert – ein höchst südländisches Werk!« Ende Februar 1882 teilt er Peter Gast mit, daß er den »Barbier von Sevilla« gehört habe: ». . . die Musik mißfiel mir. Ich liebe ein ganz anderes Sevilla.« Welches, liegt auf der Hand, das leidenschaftlich »maurische« Bizets. Am 20. März erfährt Gast, daß eine Wiener Operettengesellschaft in Genua ein Gastspiel gegeben hat, und Nietzsche merkt an: »Für weibliche Ausgelassenheit und Grazie scheinen mir die Wienerinnen wirklich erfinderisch zu sein.«

Am 24. März lobt er die Sängerin der Carmen auf französisch »une personne très jolie, très chic«. Die Weiblichkeit, und zwar eine sehr bestimmte, in der Ausgelassenheit durch Grazie veredelt wird, kann er sich nicht aus dem Kopf schlagen; noch als er

Freund Gersdorff über eine Familie Nitzsche schreibt, in die Gersdorff hineingeheiratet hat, fügt er sozusagen augenzwinkernd hinzu: »Schöne Mädchen!«

In solcherlei Einsiedler- und Möchte-gern-Gefühle platzt noch in Genua Rées Brief über das Mädchen Lou Salomé, und Nietzsche antwortet, gerade noch vor der Abreise: »Grüßen Sie diese Russin von mir, wenn dies irgendeinen Sinn hat: Ich bin nach dieser Gattung von Seelen lüstern. Ja, ich gehe nächstens auf Raub danach aus. – In Anbetracht dessen, was ich in den nächsten zehn Jahren tun will, brauche ich sie. Ein ganz anderes Kapitel ist die Ehe. Ich könnte mich höchstens zu einer zweijährigen Ehe verstehen, und auch dies nur in Anbetracht dessen, was ich in den nächsten zehn Jahren zu tun habe.«

Das liest sich ganz anders als die Genueser Hirtengesänge, die recht gut in das biedere, sich leicht frivol gebende Altherrenmilieu des 19. Jahrhunderts passen. Jetzt ist das Raubtier ausgebrochen, folgt nur seinen Instinkten, schert sich den Teufel um die Anstandsgebote der Epoche. Eine zweijährige Ehe? Das ist doch die Quadratur des Kreises, die Aufhebung ihrer Zweckbestimmung, das Weib als Nutzgegenstand (»brauche ich sie«). Was nachher? Die Mohrin hat ihre Schuldigkeit getan und darf dann gehen. Im Vorspiel »Scherz, List und Rache« der »Fröhlichen Wissenschaft« steht der Zweizeiler »Mann und Weib«:

»Raub dir das Weib, für das dein Herze fühlt«
So denkt der Mann; das Weib raubt nicht, es stiehlt.

So sehen die kommenden wilden Zeiten aus, in denen sich ältere, archaische wiederspiegeln, die durch das lendenlahme Christen- und Bürgertum gezähmt und besänftigt wurden.

Was sich dann tatsächlich mit Lou Salomé abspielt, bleibt im Rahmen der Romane des 19. Jahrhunderts: das Mädchen keck, emanzipiert, geschickt die Umstände und Regeln der Zeit nutzend, aber auf keinen Fall ein Verhältnis, eine Liaison riskierend, die seinen Ruf ruinieren würde. Die beiden Männer, Rée und Nietzsche, rivalisierend und einander mißtrauisch beäugend, sind am Ende beide Betrogene. Dieser Roman ist oft mit seinem Himmelhochjauchzend-Zutodebetrübt erzählt worden. Hier soll nur die eine Episode stehen, in der es wirklich wild herging, wenn auch nur in Worten. Die beiden – Lou und Nietzsche – waren endlich fast allein, im August im Thüringer Wald, Urlaub und zugleich Lehrzeit für Lou. Sie hatte schon als Mädchen mit Leidenschaft Philosophie betrieben und das heikle Verhältnis zwischen dem weisen Lehrer und dem schönen Kind schon einmal, als Siebzehnjährige, voll ausgekostet, Verführungskunst herausfordernd und dann entsetzt, als der Lehrer mit dem Verführen ernst machte. Im Wald von Tautenburg mußte Schwester Elisabeth als Anstandsdame von fern zusehen und kappte mit intriganter Naturbegabung aus der Nähe alle Fäden, die der Bruder knüpfte. Lou hatte für die gemeinsamen Urlaubstage die schöne Überschrift »arbeitssames Stilleben« gewählt, und solange sie arbeiteten, ging alles gut.

Nietzsche korrigierte ihre Aphorismensammlung, das »Nestbuch«, und schickte ihr neue, von ihm frisch erfundene. Ihre Merksätze streifen oft am Rande ihrer Beziehung hin. Lou hat in ihr Nestbuch Sätze wie die folgenden aufgenommen: »Die geistige Nähe zweier Menschen verlangt nach körperlichem Ausdruck – aber der körperliche Ausdruck verschlingt die geistige Nähe«, oder: »Die beste Unterscheidung von Freundschaft und Liebe liegt darin, ob das unverheiratete Zusammenleben Qual oder Freude bereitet.« Ihr bereitete das unverheiratete Zusammenleben Freude, sie profitierte, Nietzsche notierte am Rand zu »unverheiratetes Zusammenleben« »unmöglicher Ausdruck«. Der Ausdruck war in der Tat gänzlich unpoetisch; die Sache würde ihm schon gefallen haben. Aber Lou hielt ihn im Zaum wie einen Minnesänger. Nur wenn sie allgemein, »philosophisch«, miteinander redeten, fielen die Hemmungen. Lou notierte über die Thüringer-Wald-Gespräche: »Wir haben stets die Gemsenstiegen gewählt, und wenn uns jemand zugehört hätte, er würde geglaubt haben, zwei Teufel unterhielten sich.« Sie hatte, wie er, die alte Religion, die alten Moralvorstellungen über Bord geworfen, sie waren beide frei, sie überboten einander in der Ausweitung dieser Freiheit.

Elisabeth schnappte einiges auf: »Was war das für ein schreckliches Reden, das die beiden miteinander verführten! Was war eine Lüge? Nichts! Was war ein Vertrauensbruch? Nichts! Was war das schamloseste Reden über die schamhaftesten Gegenstände? Nichts.« Aber mehr als Worte vermochte auch sie nicht zu entdecken. Die Kühnheit dieser Gespräche war die von zwei Kindern, die sich ausmalen, wie es wäre, wenn.

Hätte man Elisabeth gefragt, was denn wirklich passiert sei, so hätte sie auch auf diese Frage antworten müssen: »Nichts!« Lou wußte, daß nichts passieren konnte. Als seine Schwäche notierte sie: »Superfeinheit«, das traf genau auf ihn zu, der so gern ein Superwilder gewesen wäre. Und dann fuhr sie fort: »Gegenüber dem ehelichen Akt gibt es keine Freundschaft zu einem Menschen, sondern nur Liebe oder Antipathie.« Eine andere Eintragung erläutert das: »Nietzsche hat in seinem Wesen, wie eine alte Burg, manchen dunklen Verließ und verborgenen Kellerraum, der bei flüchtiger Bekanntschaft nicht auffällt und doch sein eigentliches enthalten kann.« Eine Anspielung, die sie nie näher erklärt hat. Ein verräterisches Wort hat sie gebraucht, als sie ihn als »gewaltsamen« Stimmungsmenschen bezeichnete. Und als sie Jahre später einen Roman schrieb, in dem mancherlei aus ihrer gescheiterten Beziehung zu Nietzsche wiederkehrte, erfand sie einen faustischen Pfarrerssohn namens Kuno, der seinem Mädchen Margherita zwar geistige Kameradschaft vorschlägt, aber von seiner Leidenschaft übermannt wird, die in ihm losbricht »wie wilde Bestien ihre Freiheit suchend«.

Wenn es dabei blieb, wenn sie nie, auch nicht in Freuds Zeiten und angesichts seiner fördernden Freundschaft, aus dem Nähkästchen plauderte, Neues zu Nietzsche verlauten ließ, so darf man vermuten, daß es da wirklich einen verborgenen Kellerraum gab, in den man nicht gut hineinleuchten konnte. Wir können nur eine Vermutung wagen. Wenn die Superfeinheit das

Raffinement war, das in Paris oder Wien verführerisch ausgestellte *demi-monde,* dann war darunter etwas zu entdecken, was sein Gegenteil hätte sein können, aber in gewissem Sinne auch als Raffinement verstanden werden konnte, der Hexentrank aus Wollust und Gewaltsamkeit.

Den besten Einblick in die verschlossenen Kellerräume geben Nietzsches Notizbücher, die zum Teil erst durch die Colli-Montinari-Ausgabe zeitlich geordnet zugänglich gemacht worden sind. Hier ist nachzulesen, daß es bei dem Nietzsche dieser Jahre wirklich so etwas wie Scheu oder geradezu Abscheu vor dem Geschlechtsakt gab. Er konnte als das Beste in der Ehe die Freundschaft zwischen den Partnern rühmen, welche es erlaube, über das »Aphrodisische« hinwegzusehen. Oder er fand, daß zum Rührendsten einer guten Ehe das gegenseitige Mitwissen »um das widerliche Geheimnis gehöre, aus welchem das neue Kind gezeugt und geboren wird«. Da mochte die puritanische Erziehung nachwirken, aber auch das Platonische war im Spiel, das höchst sinnliche, aber nicht im Akt zu befriedigende Verlangen nach Schönheit.

Ein andermal überlegt er, welches die Rangordnung und Reihenfolge der Dinge ist, die ihm am meisten Lust bereiten. Obenan steht »die musikalische Improvisation in guter Stunde«. Es folgt wieder Musik: das Anhören einzelner Sachen Beethovens und Wagners. Sodann die guten Einfälle beim vormittaglichen Spaziergang und schließlich als Nummer vier: »Wollust usw.« das »und so weiter« kann man nach Belieben auslegen. Nietzsche jedenfalls brach die Aufzählung damit ab. Was er in Worte faßt, sind Erregungszustände, nach gewöhnlicher Auffassung eher »geistige« als »sinnliche«. Bei Nietzsche ist es anders. Wenn er die Wollust des Geschlechtsaktes – nicht die des Begehrens – fürchtet und flieht, so erlebt er umgekehrt seine Musik und das erfinderische Schweifen seines Geistes wollüstig, mit sinnlicher Intensität. Was ihn am tiefsten befriedigt, befreit, beseligt, ist der *reine* Zeugungsakt, so die Erfindung des Zarathustra, und in der Wiederkunft alles gleichen die eigene Neu-

Verkörperung im Gott der Trunkenheit und der Wollust: dionysische Kopfgeburten, die sich mit der heißen Heftigkeit einer Paarung vollzogen.

Der Zarathustra, das Lehrbuch, die Bibel einer neuen Religion, ist alles andere als ein Freibrief der Sexualität. Er enthält große und schöne Worte. In dem Kapitel »Von der Keuschheit« prangert der Weisheitslehrer die Brünstigen an und verhöhnt die Hündin Sinnlichkeit. Besser, so dekretiert der enthaltsame Weise, ist es, in die Hände eines Mörders zu geraten als in die Träume eines brünstigen Weibes. Und die Männer sind um kein Haar besser: »ihr Auge sagt es – sie wissen nichts Besseres auf Erden, als bei einem Weibe zu liegen.« Wie ein Bußprediger des Mittelalters klagt Zarathustra: »Schlamm ist auf dem Grunde ihrer Seele.« Bei solcher Abschreckung kann er es freilich nicht belassen und rät statt dessen »zur Unschuld der Sinne«. Wacker hilft er weiter: Wem die Keuschheit schwerfällt, dem sei sie zu widerraten, damit sie »nicht der Weg zur Hölle werde – das ist zu Schlamm und Brunst der Seele«. Ähnlich hatte der Apostel Paulus argumentiert, als er seinen Gläubigen riet, lieber zu heiraten als einsam brünstig zu sein. Und an das Evangelium des Jesus von Nazareth erinnert der Satz: »Wahrlich, es gibt Keusche von Grund aus: sie sind milder von Herzen.« Die Fortsetzung allerdings ist nietzisch und lautet im Geiste der »Fröhlichen Wissenschaft«: »sie lachen lieber und reichlicher als ihr«.

Sehr viel näher rücken wir dem als Zarathustra verkleideten Nietzsche in dem berühmten Kapitel »Von alten und jungen Weiblein«. Auch hier waltet zwar der apodiktische Predigerton, etwa in dem Satz, daß alles am Weibe ein Rätsel ist und alles am Weibe eine Lösung hat: »sie heißt Schwangerschaft«. Aber dann wird die Rolle gewechselt, Zarathustra zieht die Rüstung an:

> Zweierlei will der echte Mann: Gefahr und Spiel. Deshalb will er das Weib, als das gefährlichste Spielzeug.
> Der Mann soll zum Krieg erzogen werden und das Weib zur Erholung des Kriegers: alles andere ist Torheit.

Nietzsche, alles andere als ein Kriegsheld, Sanitäter 1870/71, mit dem entsetzten Blick übers Schlachtfeld, denkt den Krieg immer noch homerisch, Gefahr als täglichen Umgang, die Frau als Belohnung für wackeres Mannestum. Da tröstet es wenig, daß das Spielzeug Weib »rein und fein« sein soll, dem Edelstein gleich, denn es läuft doch wieder aufs Gebären hinaus. »Möge ich den Übermenschen gebären! betet das Weib.« Und es kann gar nicht anders sein: der Übermensch, der Stern der Menschheit, ist, wer wagt daran zu zweifeln, immer ein Mann.

Dieser Professor Nietzsche, der es nur einmal ernsthaft mit einer Frau zu tun gehabt hat, mit Lou Salomé, schreibt unbekümmert hin, was das Glück des Weibes ausmacht:

> Das Glück des Mannes heißt: Ich will. Das Glück des Weibes heißt: er will.
> »Siehe, jetzt eben ward die Welt vollkommen!« – also denkt ein jedes Weib, wenn es aus ganzer Liebe gehorcht.

Logischerweise gibt das alte Weiblein, dem Zarathustra seine Weibswahrheiten offenbart hat, dem Weisen auch seinerseits einen Ratschlag, den berühmten Satz, den auch der Bescheidenste im Geiste kennt und in der Regel falsch zitiert: »Du gehst zu Frauen? Vergiß die Peitsche nicht.«

Was dem Mann mit der Peitsche zuteil werden, wie das Weib sich verhalten soll, steht in einem weiteren Appell-Satz:

> »In eurer Liebe sei eure Ehre! Wenig versteht sich sonst das Weib auf Ehre. Aber dies sei eure Ehre, immer mehr zu lieben, als ihr geliebt werdet, und nie die zweiten zu sein.«

Man sieht: das ist konsequent fortgedacht, von jenem Briefsatz an, in dem Nietzsche ankündigte, er werde nach Seelen wie der Lou Salomés auf Raub ausgehen. Daß er eben daran scheitern mußte, daß er mehr Liebe haben wollte, als er zu geben bereit war, fiel ihm niemals ein.

Unter den »homerischen« Gesichtspunkten Nietzsches gab es für das Weib eine Todsünde. Sie begann damals umzulaufen und hieß Emanzipation. Mit ihr rechnet er in den letzten Abschnitten des Siebenten Hauptstückes von »Jenseits von Gut und Böse« ab, und hier wird überdeutlich, was seine Sinnlichkeit von der Frau als dem Gegenstand dieser Sinnlichkeit erwartete.

Wie schlimm, so fängt sein antifeministischer Diskurs an, wenn die Frau beginnt, sich selbst zu entdecken. Heraus kommt dann im Weibe »soviel Pedantisches, Oberflächliches, Schulmeisterliches, Kleinlich-Anmaßliches, Kleinlich-Zügelloses und -Unbescheidenes«, daß das Weib sehr viel besser daran tun würde, sich auf seine alten Tugenden zu besinnen, auf »seine Klugheit und Kunst, die der Anmut, des Spielens, Sorgen-Wegscheuchens, Erleichterns und Leicht-Nehmens«, kurz auf »seine feine Anstelligkeit zu angenehmen Begierden« (zu wessen Begierden?). Warum also Emanzipation? Sollte das ein neuer Putz sein? Oder will das Weib damit Herrschaft? Jedenfalls kann es bei der Suche nach dem eigenen Selbst nicht Wahrheit wollen, denn – nun wird wieder dekretiert –: »Nichts ist von Anbeginn an dem Weibe fremder, widriger, feindlicher als Wahrheit, – seine große Kunst ist die Lüge, seine höchste Angelegenheit ist der Schein und die Schönheit.« »Wir Männer«, so bekennt er nun, »lieben gerade dies an den Frauen, wir, die wir es schwer haben und uns gerne zu unserer Erleichterung zu Wesen gesellen, unter deren Händen, Blicken und zarten Torheiten uns unser Ernst, unsre Schwere und Tiefe beinahe wie eine Torheit erscheint.«

Welche fürchterlichen Folgen wird es haben, denkt Nietzsche seinen Gedanken weiter, wenn die Frauen ihr Weibliches verlieren, wenn sie zur »allgemeinen Bildung«, ja bis zum Zeitunglesen und Politisieren heruntergebracht würden. Als ob Kultivierung nicht schwächer machte! Es folgt das Lob der wahren Frau, und es gehört zu dem Spiel, das er spielt, daß nun dem Raubtier Mann das Raubtier Weib entgegentritt, »seine echte raubtierhafte listige Geschmeidigkeit, seine Tigerkralle unter dem

Handschuh, seine Naivität im Egoismus, seine Unerziehbarkeit und innerliche Wildheit, das Unfaßliche, Weite, Schweifende seiner Begierden und Tugenden«. Man muß Furcht vor dieser »gefährlichen und schönen Katze ›Weib‹« haben, so Nietzsche weiter, aber auch Mitleid, denn sie ist leidender, verletzbarer und liebebedürftiger als jedes Tier. Immerhin!

Die schlimmsten Folgerungen für das nur unzureichend gezähmte Haustier Weib zieht Nietzsche im Paragraphen 238 unseres Textes, einer beispiellosen Umkehrung jener Unterscheidung zwischen dem zügellosen Asien und dem edlen Griechenland, die er in der »Geburt der Tragödie« getroffen hatte.

Dieser Text muß als Ganzes hier stehen, als Gegenstück zu dem späten Dithyrambus »Unter Töchtern der Wüste« und als Modell dessen, was ihm für seine zukünftige Welt-Ordnung vorschwebte:

> Ein Mann ..., der Tiefe hat, in seinem Geiste wie in seinen Begierden, auch jene Tiefe des Wohlwollens, welche der Strenge und Härte fähig ist und leicht mit ihnen verwechselt wird, kann über das Weib immer nur *orientalisch* denken: er muß das Weib als Besitz, als verschließbares Eigentum, als etwas zur Dienstbarkeit Vorbestimmtes und in ihr sich Vollendendes fassen, – er muß sich hierin auf die ungeheure Vernunft Asiens, auf Asiens Instinkt-Überlegenheit stellen: wie das ehemals die Griechen getan haben, diese besten Schüler und Erben Asiens, welche, wie bekannt, von Homer bis zu den Zeiten des Perikles, mit *zunehmender* Kultur und Umfänglichkeit an Kraft, Schritt für Schritt auch *strenger* gegen das Weib, kurz *orientalischer* geworden sind.

Und allen Ernstes fährt er, »menschlich« und »männlich« verwechselnd, fort: »Wie notwendig, wie logisch, wie selbst menschlich-wünschbar dies war: möge man darüber bei sich nachdenken!«

Wie sonderbar, wird man heute angesichts eines Philosophen denken, der in so hohem Maße die alte Wertordnung erschüttert und kommende Konturen vorhergesehen hat. Aber was Männer und Frauen angeht (die letzteren nur »das Weib« genannt), blieb er im schlimmsten 19. Jahrhundert stecken, in dem nicht einmal der Verdacht bestand, daß das Weib, eine leichtfertige Tigerkatze, die schlimmen Sätze des Philosophen überhaupt lesen würde. Lou freilich war in diesem Punkt die Ausnahme. Aber gerade diese Sätze waren auch eine subtile Rache an der Überlegenheit, mit der sie seine Wünsche erkannt und abgefertigt hatte.

Wir sind nun jenem »wilden« Nietzsche ganz nahe gerückt, der die Mailänder Tänzerin Camilla mit nach Pfäffers nehmen wollte, damit sie dort vor ihm, dem Pascha, tanze. Aber wir haben noch eine Station vor uns, den vollen Orient, jene Oase Biskra, zu der er nur aufbrechen *wollte,* die aber in seiner brennenden Phantasie in dem langen Gedicht »Unter Töchtern der Wüste«, halb ironisch, halb orgiastisch Wirklichkeit wurde.

Das mit seinem Vorspruch sechs Seiten lange Gedicht hat Nietzsche zuerst in den vierten Teil des Zarathustra eingerückt, der der Öffentlichkeit vorenthalten blieb; es wurde dann in die Dionysos-Dithyramben aufgenommen, als erstes nach dem Dithyrambus »Nur Narr! nur Dichter!«, der als eine Art Einführung oder Rollenbestimmung zu lesen ist. Es ist, wie der Titel des Zyklus, dionysisch, denn sein Thema ist der Besuch eines Europäers bei zwei Mädchen in einer Oase, erzählt im burlesken Ton eines Reiseabenteuers. Der Reisende, in dem wir nicht umhin können, Professor Nietzsche zu erkennen, ist auf ungewöhnliche Art dorthin geraten:

> nämlich hinabgeschluckt
> von dieser kleinsten Oasis –
> sie sperrte gerade gähnend
> ihr liebliches Maul auf,
> das wohlriechendste aller Mäulchen.

Und prompt, Gott sei Dank, ist dieses Verschlucktwerden, dieses Fallen »hinein, hinab, hindurch«, von der angenehmsten

Entdeckung begleitet: »– unter euch, ihr allerliebsten Freundinnen! Sela.«

Die allerkleinste Oase ist so klein, daß sie identisch ist mit dieser höchst wohlriechenden Örtlichkeit: ob Harem oder Bordell, ein göttlicher Lustort jedenfalls. Das »Sela« am Ende des Verses ist biblisch, wie das »Amen« steht es bei den Psalmen am Ende, als Bekräftigung. Biblisch geht das lockere Liedchen weiter: Ist nicht auch Jonas auf ähnliche Weise »hereingefallen«, in den Bauch des Walfischs? Aber, so scherzt der übermütige Dichter, jener Walfischbauch war kaum so lieblich wie der »Oasis-Bauch«, in dem er sitzt. Durchs Mäulchen in den Bauch, das hat im Orient, wo der Bauchtanz Sitte ist, ganz andere Konnotationen. Die Bibel ist eine unnötige Reminiszenz des Europäers, der hier lernen muß, afrikanisch, »südlich« zu fühlen und zu denken – oder das letztere zu unterdrücken.

Und nun also der Wüstentraum mit der Chiffre Biskra, endlich ausgesprochen, was ihn bedrängt, seit er in Leipzig die französische schöne Helena gesehen hat: Mädchen, in der Mehrzahl, er selber von Mädchen verwöhnt.

> Da sitze ich nun,
> in dieser kleinsten Oasis,
> einer Dattel gleich,
> braun, durchsüßt, goldschwürig,
> lüstern nach einem runden Mädchen-Maule,
> mehr aber noch nach mädchenhaften,
> eiskalten, schneeweißen schneidigen
> Beißzähnen: nach denen nämlich
> lechzt das Herz aller heißen Datteln. Sela.

Ja, hier ist der Professor endgültig abgeworfen, ausgezogen, die Dattel und der Mädchenmund, und die Mädchenzähne dazu, sind eins geworden im Wüstenparadies, im höchsten sinnlichen Genuß, in den sich nach dem Hexenrezept auch der Schmerz mischt, masochistisch, wenn man will. Der Pascha selber braucht nichts zu *leisten,* er wird wollüstig verschlungen.

Er würde verschlungen, aber tatsächlich beißen die Zähne nicht zu. Unser Europäer, Professor von Beruf, ununterdrückbar Prediger, liegt da, »den genannten Südfrüchten ähnlich, allzu ähnlich«, nämlich passiv –, von kleinen Flügelkäfern umtänzelt und umspielt, und

umlagert von euch,
ihr stummen, ihr ahnungsvollen
Mädchen-Katzen
Dudu und Suleika
– *umsphinxt,* daß ich in ein Wort
viel Gefühle stopfe
(vergebe mir Gott
diese Sprachsünde! ...)

Man sähe ihn hier, den Zwangs-Enthaltsamen, gerne mit Dudu und Suleika im erotischen Getändel, im *Tête-à-tête,* wie es der Oase wohl anstünde, damit die Töchter der Wüste zu ihren Einkünften kämen, aber nichts dergleichen. Das Rätsel Weib schaut ihn an wie die Sphinx, die bekanntlich die Summe aller Rätselhaftigkeiten ist. Im Vorspruch zu den »Töchtern der Wüste« heißt es: »Ihr glaubt es nicht, wie artig sie da saßen, wenn sie nicht tanzten, tief, aber ohne Gedanken, wie kleine Geheimnisse, wie bebänderte Rätsel, wie Nachtisch-Nüsse.« Auch im Gedicht selbst tanzen die Wüstentöchter nicht, sitzen da, »tief«, aber gedankenlos, und es sitzt auch der Europäer, ihnen gegenüber. Es tanzt nur die Palme, die

einer Tänzerin gleich,
sich biegt und schmiegt und in der Hüfte wiegt
man tut es mit, sieht man ihr lange zu.

Es wird nicht geherzt, nur gescherzt, bestenfalls geschäkert. Die Palme, die arme, steht auf einem Bein und hat das andere vergessen. Die Mädchen weinen aus Mitleid mit dem armen Pälmchen und müssen getröstet werden. »Sei ein Mann, Suleika«, muntert er die eine auf, und beide beschwichtigt er, indem er ihnen als »Dattelherzen! Milch-Busen! Süßholz-Herz-Beutelchen!« schmeichelt. Besser als alles andere hilft dann freilich die Europäer-Würde, der Blasebalg der Tugend, das Gebrüll als moralischer Löwe vor den Töchtern der Wüste.

> Denn Tugend-Geheul,
> ihr allerliebsten Mädchen,
> ist mehr als alles
> Europäer-Inbrunst, Europäer-Heiß-Hunger!

Mit dem Sitzen im Harem ist es nun aus.

> Und da stehe ich schon,
> als Europäer,
> ich kann nicht anders,
> Gott helfe mir!
> Amen!

Als ob es mit dem – parodierten – Luther-Satz noch nicht genug sei, ist dem Gedicht noch so etwas wie eine Moral angehängt. Sie lautet

> Die Wüste wächst: weh dem, der Wüsten birgt!
> Stein knirscht an Stein, die Wüste schlingt und würgt.
> Der ungeheure Tod blickt glühend braun
> und *kaut* – sein Leben ist sein Kaun ...

Danach noch der erhobene Zeigefinger, wie im Prediger-Barock:

> Vergiß nicht, Mensch, den Wollust ausgeloht:
> Du – bist der Stein, die Wüste, bist der Tod ...

Zum Glück hat Nietzsche wenigstens *einen* Schlüssel zu dieser Haremspredigt geliefert. In den »Vermischten Meinungen und Sprüchen«, die er an den Anfang des zweiten Teils von »Menschliches, Allzumenschliches« gestellt hat, schildert er die Wüste der Wissenschaft mit den glänzenden Lufterscheinungen, die man »philosophische Systeme« nennt. Wer sich täuschen läßt, den verschlingt die Wüste. Andere lassen sich nicht mehr verführen, aber durch den Salzgeschmack, den die Fata Morgana hinterläßt, entsteht ein rasender Durst – »ohne daß man nur einen Schritt damit irgendeiner Quelle näher gekommen wäre«. Die Wissenschaft ist die tödliche Gefahr des glaubenslos gewordenen Europa, denn sie lähmt die Lebenskräfte. Darum steht am Ende des Gedichts von dem lustvollen Verschlucktwerden im Dattelparadies das mühselige, wiederkäuende Würgen des Wissenschaftstodes. Im Wiederkäuen (vermutlich diesmal des Wüstentieres Kamel) versinnbildlicht sich der Stumpfsinn der Gelehrsamkeit, dem man nur mit Oasenreisen entflieht.

Er nennt die Mädchen »tief«, denn auch die Lust ist, wie man aus dem liturgischsten aller Texte des Zarathustra weiß, »tiefer als der Tag gedacht«. Zu ihrer Lebenstiefe gehört, daß sie gedankenlos sind, daß sie Rätsel bleiben wie das Leben selbst, freilich hübsch bebänderte. Auch »Wahrheit« und »Weisheit« hat Nietzsche im Zarathustra in Frauenkleider gesteckt – ungreifbar und unbegreifbar.

War das Zelt in der Oase ein Bordell? So wird häufig angenommen. Wenn ihm der Europäer unverrichteter Dinge und tugendhaft brüllend entsteigt, so mag man an Nietzsches frühes Bordell-Abenteuer denken. Aber sein geträumter Lustort war viel eher der Harem, wo Mädchen der Befehle ihres Gebieters harrten. Das eine der beiden Mädchen heißt in der Tat Dudu, wie Byrons berühmte Odaliske aus dem »Don Juan«, die andere Suleika, wie Goethes Liebespartnerin aus dem »West-Östlichen Divan«, die wohl aus dem Harem, nicht aber aus einem Bordell ihre verliebten Verse an den Dichter richten kann.

Bordell-Mädchen hätten auch nicht so sittsam dagesessen wie Dudu und Suleika, in Flatter- und Flitterröckchen, die eher dekorativ verführerisch wirken, eher Degas als Toulouse-Lautrec. Und was die »heiße« Dattel von den »eiskalten« Schneidezähnen der Mädchen erhofft, ist eher Abkühlung des Begehrens als Erfüllung im klassischen Sinne. Danach lechzte er zu Zeiten.

Was er dauernd, was er dringend brauchte, war gute Luft, war ein trockenes, sonniges, aber nicht zu hell-lichtiges Klima, Messina oder Tunis, darauf kam's nicht an. Auch das steht in unserem Wüstengedicht, das sich damit endgültig als Selbstporträt erweist:

> sitze hier, die beste Luft schnüffelnd,
> Paradieses-Luft wahrlich,
> lichte, leichte goldgestreifte,
> so gute Luft nur je vom Monde herabfiel ...

Schon Goethe ist im Geiste in den Orient gereist, um Patriarchen-*Luft* zu kosten. Aber für Nietzsche war gute Luft schlichte Bedingung des Existierens, und das heißt: des Produzierens. Seine goldgestreifte Luft ist die, die durch dichtes Laub oder durch Jalousien fällt. Mädchenkatzen waren hie und da erwünscht, aber was die ersehnten scharfen, schneidigen Bisse angeht, ließ man es besser bei erträumten.

7. Kapitel

Lebensplan II
»Ein ungeheures Ganzes von Philosophie«

Daß er Philosoph werden würde, war ihm nicht an der Wiege gesungen.

Das humanistische Gymnasium, Nietzsches Schule, erzog begabte junge Leute zu klassischen Philologen, wohl auch zu Historikern oder zu Germanisten und Literaten. Philosophie kam nur als Platon-Lektüre vor. Kant wurde vielleicht aus Anlaß Schillers erwähnt. So war Nietzsche geprägt, so wurde er Professor, Gräzist.

Daß es ihn in der ersten Basler Zeit zur Philosophie gezogen hätte, läßt sich nicht behaupten. Über Nacht hatte er zwar – wie vor ihm Wagner und manche andere aus dem gebildeten Bürgertum – Schopenhauer entdeckt, aber eigentlich nur, um sich alsbald mit eigenen Gedanken von ihm abzustoßen. Als 1871 in Basel der Philosophenlehrstuhl frei wurde, bewarb er sich, aber die Basler Universitätsbehörde erkannte wohl, daß Nietzsche ein Manöver im Sinne hatte: Rohde sollte den von Nietzsche freigemachten Lehrstuhl bekommen, damit die Freunde wieder vereinigt würden.

In seinem Gesuch schrieb Nietzsche: »Von Natur aufs stärkste dazu gedrängt, etwas Einheitliches philosophisch durchzudenken und in langen Gedankenzügen andauernd und ungestört bei einem Problem zu beharren, fühle ich mich noch immer durch den täglichen mehrfachen Beruf und dessen Art hin und her geworfen und aus der Bahn abgelenkt.« Das war richtig: Er wollte ungestört denken, auch etwas Einheitliches zustande bringen, aber nicht eingereiht in die Systematik der Philosophen und in die Chronologie der Philosophiegeschichte auf dem freigehaltenen Platz hinter Schopenhauer. Mit dem gleichen Recht, mit dem er sich bewarb, konnte er Rohde schreiben: »Selbst jene Professur reizt mich eigentlich vornehmlich Deinetwegen, da ich ja auch diese Professur nur als etwas Provisorisches betrachte.« Schopenhauer übrigens hatte auch vor der Schulphilosophie gewarnt.

Höchst bezeichnend, daß er zwar seine Bewerbung motivierte, aber keineswegs darlegte, was er bei einer Berufung treiben, worüber er lesen, was er zum Zentrum seiner Forschung und Lehre machen werde. Wenn wenig daran gefehlt hatte, daß er Musik als Beruf gewählt hätte, dann wäre ebenso gut denkbar gewesen, daß er sich als Schriftsteller versuchte, denn vom Gedicht bis zum Essay hatte er alle Formen durchprobiert und ein frühes Talent gezeigt. Faßte er aber jene Berufung ins Auge, die ihn einmal mit siebzehn überkam, den Umsturz und die Neugründung einer Welt, so war da bei Kant, Fichte, Schelling, Hegel am wenigsten zu holen. Wenn er etwas Einheitliches durchdenken, erdenken wollte, so sollte das ja kein System neben der Welt sein, das sie so ungestört ließ, wie er es sich für sein Nachdenken wünschte, sondern alles sollte abgerissen und neugebaut werden.

Vorläufig war Gewaltenteilung mit Wagner der Weg dazu. Wagner freilich hatte ihn als klassischen Philologen in Dienst genommen, um seine Lieblingsthese zu erhärten: daß nicht die Oper alten Stils eine Fortführung oder Erneuerung der griechischen Tragödie sei, sondern allein sein Musikdrama. Was weit in die Zukunft hineinreichen würde, sollte eine Verankerung in der großartigsten aller Vergangenheiten, in der griechischen, haben.

Daß Nietzsche zu anderem, zu Höherem tauge, wollte er mit der Schrift »Die Geburt der Tragödie« erweisen, die philologisch so viel zu wünschen übrig ließ, daß ein junger Fant wie Wilamowitz sie niedermachen konnte. Aber mit der Proklamierung des dionysischen Menschen entwarf sie doch ein Programm, das man im Ansatz philosophisch nennen darf.

Das waren die »Unzeitgemäßen Betrachtungen«, an denen er gleichzeitig arbeitete, keineswegs. Wie »Die Geburt der Tragödie« waren sie zeitkritisch, kulturkritisch, Eingriffe in die Zeit, und mit »unzeitgemäß« betonten sie nur, daß sie nicht der herrschenden Meinung folgten, damit also langweilig waren, sondern dem laufenden Geschwätz neue Ideen entgegensetzten.

Wie wenig philosophisch sie waren, bezeugt gerade die, die im Titel den Namen eines Philosophen trägt: »Schopenhauer als Erzieher«. Nicht nur, daß Schopenhauer zunächst und nachdrücklich als glänzender Schriftsteller herausgestellt wurde. Da folgte, offenbar von einem Nicht-Philosophen niedergeschrieben, der Satz: »Ich mache mir aus einem Philosophen gerade so viel, als er imstande ist, ein Beispiel zu geben.« So hatten es die griechischen Philosophen gemacht, »durch Miene, Haltung, Kleidung, Speise, Sitte, mehr als durch Sprechen und Schreiben«.

Nietzsche benutzte die Gelegenheit, gegen den bloßen Bücherschreiber Kant den Genius Richard Wagner auszuspielen, sozusagen als den philosophischeren Geist von beiden. Aber es stellte sich bald heraus, daß Wagner, der Praktikus, der autodidaktisch reflektierte und seine Sätze umständlich wie ein Primaner baute, nicht der richtige Partner für Nietzsches bohrendes, unterminierendes Denken war. Mit Cosima schien es da besser zu gehen. Sie ging auf alles ein, ließ sich anregen, kam mit Gegen-Ideen. Ihre französische Bildung half ihr, wenn schon nicht tief, so doch flüssig zu formulieren, und sie nahm sich Zeit, lange Briefe Nietzsches ausführlich zu beantworten. Nietzsche wagte an Einverständnis und Sympathie zu glauben, ja an die Huld, die eine Minnedame ihrem Minner schenkt. Darum erledigte er ihre Aufträge ohne Murren, obwohl er zu nichts weniger geboren war als zu Besorgungen in Feinkostgeschäften.

Dies vorausgesetzt, kann man verstehen, warum er gerade ihr ein aus fünf Einzelstücken zusammengesetztes Gedankenwerk zu Füßen legte, das er »Fünf Vorreden zu fünf ungeschriebenen Büchern« nannte und in dem er – in der ersten dieser Vorreden – zum erstenmal das Thema »Was ist Philosophie?« entschieden anging. Schon 1871 hatte er der bisherigen Philosophie den Prozeß gemacht, in dem Vortrag »Sokrates und die Tragödie«, der als Privatdruck an die Wagners ging. Mit dem Rationalismus des Sokrates hatte alles Unheil, nämlich der Aufbau und Ausbau des systematischen Denkens, angefangen. Vorher hatte der Instinkt die Griechen gelehrt, das Rechte oder das Richtige zu tun. Nun begann mit ihm die Schulphilosophie, das abstrakte Denken, und eine so großartige Erscheinung wie die griechische Tragödie verkümmerte, starb, beging Selbstmord, weil Sokrates ihr den Lebensatem nahm. In der Reaktion darauf las Nietzsche im Sommersemester 1872 zum erstenmal über die vorplatonischen Philosophen, für die man sich später auf die Bezeichnung »Vorsokratiker« einigte.

Er hatte diese Quelle entdeckt: So wie andere auf die archaische Kunst der Griechen, so stieß er auf ihre archaische Philosophie. »Die Griechen der tragischen Zeit als Philosophen!«, rief er aus, die Philosophie hatte sich noch nicht als Fach, als Lehre abgespalten. Die Frage: »*Wie* haben sie das Dasein empfunden?« galt für alle, und daran schloß sich die Feststellung: »Hier steckt ihr *ewiger* Gehalt.« Denn »im übrigen fressen sich alle Systeme auf«.

Unwiderstehlich zog ihn an, daß dies naives Denken war, erstes verwundertes Fragen beim Anblick der Welt und ihres – guten oder miserablen – Funktionierens. Namen wurden zur Anschauung: Parmenides, Anaximander, Pythagoras, Heraklit. Titel und Pläne tauchten auf: »Der letzte Philosoph«, »Der Philosoph als Arzt der Kultur«; ein großer Entwurf, »Die Philosophie im tragischen Zeitalter der Griechen«, wurde halb ausgeführt. Er merkte auf: Diese Philosophie lief auf ihn zu, als eine neue künstlerische Aufgabe, und als eine Erneuerung des Denkens von Grund auf, dionysisch, also hin zu etwas Tieferem, zu einer radikaleren Form von Wahrheit. Daß dieses neue Denken »wild« sei, hat er, voll vom Pathos der neuentdeckten Wahrheit, nicht gesagt und wohl auch nicht gedacht. Das ist den französischen Denkern und Nietzschefreunden unseres Jahrhunderts – von Foucault bis Deleuze – vorbehalten geblieben. Ob man es darum – als Eröffnung einer neuen Denk-Epoche – loben oder es als Totengräber alles älteren Philosophierens tadeln soll, bleibt den nachdenklichen Zeitgenossen überlassen.

Die Vorrede mit dem Titel »Über das Pathos der Wahrheit«, in Wirklichkeit ein abgeschlossener Essay, ist jedenfalls ein erstaunlicher Text, in seiner grandiosen Hellsichtigkeit und Selbstbezogenheit nur mit dem Entwurf »Fatum und Geschichte« des Siebzehnjährigen vergleichbar. Sicher ist er aus dem Willen geboren, Cosima zu überzeugen, daß der gefällige Handlanger des Genies Wagner in Wirklichkeit auch den Meister, selbst den Meister überragte, und in den glänzenden Formulierungen und in der welthistorischen Perspektive ist dieser Anspruch auch eingelöst.

Gleich im ersten Satz wird der Ruhm als hohes Ziel menschlicher Begierde aufgestellt und verteidigt, der große Mensch und seine großen Augenblicke. »Dies sind die Momente der plötzlichen Erleuchtungen, in denen der Mensch seinen Arm befehlend, wie zu einer Weltschöpfung, ausstreckt«, heißt es da, »Licht aus sich schöpfend und um sich ausströmend.« Was fehlt da noch zum Schöpfergott, der »Es werde Licht!« befahl? Später wird vom Helden dieses feierlichen Textes, von Heraklit, gesagt, er habe, spielenden Kindern zuschauend, gedacht, was nie sonst einem Sterblichen in den Sinn käme: »Das Spiel des großen Weltenkindes Zeus und den ewigen Scherz einer Weltzertrümmerung und einer Weltentstehung.« Da wiederholt sich bei dem fast Dreißigjährigen verblüffend, was der Junge in »Fatum und Geschichte« geträumt und als Vision erlebt hat: »Sofort träten wir in die Reihe unabhängiger Götter ... und der Mensch findet sich wieder, wie ein Kind mit Welten spielend ...« In den sogenannten Wahnsinnsbilletts tauchen dann beide Motive, die Weltzertrümmerung und der göttliche Scherz, als Elemente seines Größenwahns auf.

Ganz im Sinne dieser Rangordnung schließt der Abschnitt über den Ruhm mit »den verwegensten Rittern unter diesen Ruhmsüchtigen« ab, mit den *Philosophen.* Es verwundert nicht, daß unter diesem Etikett schlichtweg das Gegenteil von dem entwickelt wird, was sonst für die Philosophie gilt, daß sie Schule bildet, ihren Sitz mitten im Leben hat. »Ihr Wirken«, so der Autor, an sich selbst zuerst denkend, »weist sie nicht auf ein ›Publikum‹, auf die Erregung der Massen und den zujauchzenden Beifall der Zeitgenossen hin; einsam die Straße zu ziehen, gehört zu ihrem Wesen.« Das nimmt den Einsiedler von Sils Maria vorweg. Ihre Begabung, so weiter, ist selten und die »unnatürlichste in der Natur«, denn sie sind selbst gegen gleichartige Begabungen feindselig. Verkündigungsartig, sich zum eindrucksvollen poetischen Gleichnis steigernd, folgt der Schluß: »Und doch kann niemand sicherer glauben, zu seinem Ziel zu kommen, weil er gar nicht weiß, wo er stehen soll, wenn nicht auf den weit ausgebreiteten Fittichen aller Zeiten; denn die Nichtachtung des Gegenwärtigen und Augenblicklichen liegt in der Art des philosophischen Betrachtens. Es ist die Wahrheit; mag das Rad der Zeit rollen, wohin es will, nie wird es der Wahrheit entfliehen können.«

Was da so schwungvoll, eher lyrisch als denkerisch spricht, ist dem Titel getreu, das Pathos der Wahrheit, die Posaune dessen, der sie besitzt; zugleich auf seine Weise das krasseste Gegenteil von dem, was Nietzsche wenige Sätze später behauptet und am Ende zu seiner Philosophie erhebt: Daß im ewig wechselnden Wähnen und Fürwahrhalten Wahrheit nicht sein kann.

Sehr kommt es darauf an, daß dieser einsame Philosoph gleichzeitig königliche Würde besitzt. Darum wählt er, als Beispiel und als Vorspiel seines eigenen Lebensentwurfes, Heraklit, den Philosophen, dem er königliche Selbstachtung und unbegrenzte Überzeugung bescheinigt. Auch Empedokles und Pythagoras hätten sich selbst mit übermenschlicher Achtung, ja mit fast religiöser Scheu behandelt, aber Heraklit sei über sie alle erhaben gewesen. Nur in der wildesten Gebirgseinöde, nämlich über alle Menschenwelt erhaben – Sils Maria wird da vorausgesehen –, könne man ahnen, wie einsam der große Heraklit war. »Kein übermächtiges Gefühl mitleidiger Erregungen, kein Begehren, helfen und retten zu wollen, strömt von ihm aus, er ist wie ein Gestirn ohne Atmosphäre. Sein Auge, lodernd nach innen gerichtet, blickt erstorben und eisig, wie zum Scheine nur, nach außen. Rings um ihn unmittelbar an die Feste seines Stolzes schlagen die Wellen des Wahns und der Verkehrtheit, mit Ekel wendet er sich davon ab.« Eben in diesen Zusammenhang wird der Satz vom Weltenkind Zeus gestellt und noch überboten durch die selbst den Göttervater hinter sich zurücklassende Aussage: »Er braucht die Menschen nicht ...« Nietzsche betont Heraklits Spruch »Mich selbst suchte und erforschte ich«, damit habe *er* den Spruch des delphischen Orakels »Erkenne dich selbst« erfüllt, und grimmig setzt Nietzsche hinzu: »Er und niemand sonst.«

Nietzsche und niemand sonst, das konnte er damals noch nicht als Botschaft verkünden, aber indem er Heraklit aus der Gemeinschaft der weisen Männer aussonderte und seine Wohnung im Tempel der Artemis, »unter Götterbildern«, ins Überirdische stilisierte, schuf er ihn zum typologischen Vorbild, zum »Vorläufer« seiner Vergöttlichung um. Später wurde Zarathustra auf den gleichen Thron gesetzt, und am Ende verschmolzen Nietzsche, Zarathustra und Dionysos zu einer einzigen Figur.

Heraklit war nicht schlecht gewählt. Vor allem: Er hatte kein System begründet, keine Weltentstehungslehre auf die Formel gebracht. Er war der Weise, der in kurzen und dunklen Sprüchen das Unsagbare, die Widersprüche der Wirklichkeit andeutete, nicht als Wegweisung, sondern zum Kopfzerbrechen. Darunter war auch das berühmte Fragment 52, das Nietzsche frei zitierte, um Heraklit noch höher als das Weltenkind Zeus zu placieren: »Der Aion (= das herrschende Zeitalter) ist ein spielendes, Brettsteine setzendes Kind; ein Kind ist König.« So trug auch schon das Kind Nietzsche den Königsnamen, und während die anderen Knaben in der Schenke saßen und tranken, waltete es seines Königsamtes. Wenn das Kind, groß geworden und nach Größe strebend, sein Werk nicht mehr in Traktaten abfaßte, sondern in Sprüchen, konnte es sich auf den großen einsamen königlichen Heraklit berufen.

Der Hymnus auf Heraklit endet mit einer überraschenden Pointe: War die Ruhmbegierde des großen Menschen der Sockel für sein Monument, so schließt die Huldigung mit der Feststellung, daß Heraklit auch über diesen edelsten Trieb erhaben war. Ruhm, so Nietzsche, sei etwas für Sänger und Dichter, vielleicht auch für die weisen Männer, die Heraklit vorausgingen, »für ihn ist diese Speise zu gemein«. »Sein Ruhm geht die Menschen etwas an, nicht ihn.« Und noch kräftiger: »Seine Eigenliebe ist die Liebe zur Wahrheit.« Das ist nicht mehr zu überbieten, denn es identifiziert den Philosophen mit der Wahrheit, als ob er Gott wäre, oder noch kühner, daß sie Gott ist, wie der Logos im Johannesevangelium.

Dieses äußerste Pathos der Wahrheit wird nun im weiteren Verlauf der Rede jäh gebrochen, der Apotheose folgt der Absturz. »Die Wahrheit!« ruft der Rhetor Nietzsche aus und dekouvriert sie alsbald: »Schwärmerischer Wahn eines Gottes!« Und bitter, verächtlich heißt es weiter: »Was geht die Menschen die Wahrheit an!«

Die mutwillige Zerstörung des eben aufgebauten Denkmals setzt sich fort: »Und was war die heraklitische ›Wahrheit‹! Und wo ist sie hin? Ein verflogener Traum, weggewischt aus den Mienen der Menschheit mit anderen Träumen!« »Sie war die erste nicht«, setzt eine Stimme hinzu, die gebildeten Lesern als die Mephistos geläufig ist, der mit diesem Satz das Leiden Gretchens bagatellisiert. Wahrheiten blühen auf und gehen unter, das ist ihr Los. Mephisto, unter dem Namen »ein gefühlloser Dämon«, erzählt nun in ganzen zehn Zeilen das Schicksal unserer Welt: »In irgendeinem abgelegenen Winkel des in zahllosen Sonnensystemen flimmernd ausgegossenen Weltalls gab es einmal ein Gestirn, auf dem kluge Tiere das *Erkennen* erfanden. Es war die hochmütigste und verlogenste Minute der

Weltgeschichte ... Nach wenigen Atemzügen der Natur erstarrte das Gestirn, und die klugen Tiere mußten sterben.« Sie hatten sich gebrüstet, viel erkannt zu haben, und mußten am Schluß einsehen, »daß sie alles falsch erkannt hatten. Sie starben und fluchten im Sterben der Wahrheit.«

Nachdem der »gefühllose Dämon« sich so eingemischt und die vorher glorifizierte Wahrheit des Übermenschen und Fastgottes Heraklit zermalmt hat, wird aus dem Selbstgespräch ein Dialog. Nach der vernichtenden Fabel von den klugen Tieren fällt das Wort an den Redner zurück, der der demolierten Wahrheit wieder aufhelfen, dem Philosophen wieder einen Weg bahnen möchte. Um existieren zu können, muß der Mensch an die Erreichbarkeit der Wahrheit glauben. »Lebt er nicht gerade *durch* ein fortwährendes Getäuschtwerden?«

Wahrheit suchen und dabei immer wieder zu irren, ist das paradoxe Programm, das Nietzsche mit unheimlicher Eindringlichkeit entwickelt. Er fragt, ob nicht die Natur dem Menschen das allermeiste, ja gerade das allernächste, verschweige, »z. B. seinen eigenen Leib, von dem er nur ein gauklerisches Bewußtsein hat. In dieses Bewußtsein ist er eingeschlossen, und die Natur warf den Schlüssel weg.« Verhängnisvoll die Neugier des Philosophen, den es durch eine Spalte einmal aus dem Bewußtseinszimmer hinaus- und hinabzusehen verlangt: vielleicht ahnt er dann, »wie auf dem Gierigen, dem Unersättlichen, dem Ekelhaften, dem Erbarmungslosen, dem Mörderischen der Mensch ruht, in der Gleichgültigkeit seines Nichtwissens und gleichsam auf dem Rücken des Tigers in Träumen hängend.«

So wie der Dämon das vernichtende Kurzporträt des Weltalls, so gibt nun der Philosoph das erschreckende Kurzporträt des Menschen; er steigert sich in Adjektiven des Entsetzens bis zum Mörderischen, und in der Bildersprache bis zu dem des Tigers, der er *ist*, während er sein Bewußtsein, seine Tugenden, sein Erkenntnisstreben nur *träumt*.

Es ist die Raubtierwelt des Menschen, und in ihr ist der Tiger Nietzsches Liebling, wilder, reißender, grausamer als der Löwe, das alte Edeltier der Kriegerwelt. Tiger und Panther, die reißendsten der Raubtiere, begleiten den Dionysos. In dem Gedicht »Nach einem nächtlichen Gewitter«, das im Juli 1871 niedergeschrieben wurde, nennt er die amazonenhafte Göttin »Siegerin und Tigerin« zugleich. Zwar werden am Ende unseres Textes die Schrecknisse etwas gemildert, neben dem Erkenntnisstreben darf die Kunst als Trösterin auftreten, aber er endet doch mit einem Paukenschlag: Das letzte Wort ist die von der Erkenntnis als ihr letztes Ziel angerichtete Vernichtung.

Die »Fünf Vorreden zu fünf ungeschriebenen Büchern« sind allesamt Programmschriften, Vorsätze zu einer neuen Philosophie. Ihnen folgen die Meisterwerke von Nietzsches größter Zeit, sämtlich Blicke aus dem Bewußtseinszimmer in die Tiefe der menschlichen Struktur, Forschungen im vollen Sinn des Wortes, Meisterleistungen einer neuen Psychologie, geschöpft auch aus dem Rundblick auf andere Menschen, vor allem aber aus der Selbstbeobachtung gewonnen.

Es wäre müßig, pedantisch, aus »Menschliches, Allzumenschliches«, »Jenseits von Gut und Böse«, »Morgenröte« und »Fröhlicher Wissenschaft« die Leibsprüche und Leitideen Nietzsches herauszuziehen, die seine »Wildheit« bekräftigen könnten. Nichts ist ja überhaupt gefährlicher, zugespitzt gesagt, verbotener, als sich zum Zweck der Beweisführung auf Nietzsche-Zitate zu stützen. Bald würde uns bei unvoreingenommener Lektüre eine Gegenfigur entgegentreten, die sich streng, klassisch, ja asketisch stilisiert. Wie von selbst würde dann ein Versuch über Nietzsches Philosophieren entstehen, und die Versuchung zu einem Buch, einem Baustein für die gewaltig sich immer höher türmende Bücherpyramide über sein Werk – die der »gefühllose Dämon« unserer Vorrede seinerseits kaltschnäuzig als Mülldeponie bezeichnen könnte.

Viel ergiebiger ist es, noch einmal vom »Pathos der Wahrheit« auszugehen, von jenem Trugschluß über Ruhm und Publikum, mit dem die Vorrede beginnt. Es sei nicht das Ziel des Philosophen, hatte Nietzsche konstatiert, eine ihm zujauchzende Menge um sich zu versammeln. Daraus folgte aber keineswegs, daß er einsam seine Straße ziehen müsse. Selbst wenn erst die Nachwelt seine Größe erkannt hätte, mußte zu ihr ein Weg, eine Überlieferung führen. Der Prophet brauchte Jünger. Zunächst hatte Nietzsche sich Kampfgefährten vorgestellt, wie sie in dem Knabentrio der »Germania« vorgebildet waren und mit den Freunden Rohde, Gersdorff, Deussen wiederkehren sollten. Mit Malwida verfolgte er dann den Traum von einem Kloster oder einer Akademie, die in seinen Plänen auch nichts anderes sein konnten als Bildungsstätten für junge Gefolgsleute. Im Wintersemester 1875/76 stieß dann tatsächlich der erste – und bis zu seiner Katastrophe einzige – Jünger zu ihm: Heinrich Köselitz, Musiker von Beruf, Komponist aus Ehrgeiz und in Zukunftshoffnung, Diktatschreiber und Vorleser bei dem Basler Professor, den er auf dem Umweg über Wagner entdeckt hatte. Er stieg beim Korrekturenlesen zum Mitarbeiter auf; als Nietzsche in dem Komponisten Köselitz sein zweites Ich entdeckte, taufte er ihn zum Petrus um, dem ersten einer kommenden Jüngerschar und gab ihm den zweiten Ehrennamen »Gast«, im Gleichklang mit einem Gedicht, in dem er, von den alten Freunden verlassen oder nicht mehr verstanden, Zarathustra als den »Gast der Gäste« ankündigt. Köselitz bestätigte ihm dann demütig bewundernd seinen Propheten- und Erlöser-Rang, wie es der alte Petrus der Evangelien nicht ausdrücklicher hätte tun können.

Die Vorrede zu »Also sprach Zarathustra« bestätigt die Suche nach den Jüngern. Zarathustra steigt zunächst aus seiner Einsiedelei zu den Menschen nieder, macht seine ersten Erfahrungen mit der Menge. Dann, im letzten, neunten Abschnitt der Vorrede, geht ihm »eine neue Wahrheit« auf. Er erhebt sich aus dem Schlaf wie ein Seefahrer, der nach langer verzweifelter Fahrt Land sieht, und jauchzt: »Ein Licht ging mir auf: Gefährten brauche ich . . . die mir folgen, weil sie sich selber folgen wollen – und dorthin, wohin ich will.« Und noch einmal, eindringlich wiederholend, im Bibelton: »Ein Licht ging mir auf; nicht zum

Volke rede Zarathustra, sondern zu Gefährten! Nicht soll Zarathustra einer Herde Hirt und Hund werden!« Jünger, ja, aber nicht folgsame, sondern sich selbst verwirklichende; freilich müssen sie dann doch in des Propheten Richtung marschieren. Im gleichen Text heißen sie dann »Mitschaffende«, »Miterntende« und »Mitfeiernde«, so wie man heute Untergebene »Mitarbeiter« nennt.

Vergleicht man die Hinwendung des Propheten Zarathustra zu den Gefährten mit dem Philosophenbild des eisigen Gestirns Heraklit, so wird eine Kurskorrektur deutlich, wenn schon nicht zur Nächstenliebe und zu allgemeiner Menschenfreundlichkeit, so doch zur Gefährtenliebe, zur Freundschaft mit den Auserwählten. Der Durchbruch zu einer machtvollen Selbständigkeit, der ihn davon dispensieren könnte, ist ihm nicht gelungen; nach dem gräßlichen Ungemach mit der »Geburt der Tragödie« stellt sich nun, 1879, auch der Mißerfolg von »Menschliches, Allzumenschliches« heraus: Es ist im Mai 1878 erschienen, und zu Ostern 1879 sind erst 120 Exemplare verkauft. Am 2. Mai schreibt er, schwer leidend, sein Entlassungsgesuch an die Basler Universitätsbehörde.

Eine erste Erholung nach fortwährenden Krankheitszuständen und abenteuerlichen Versuchen, ihnen durch Ortswechsel und endlich zuträgliches Klima zu entgehen, findet er erst im Sommer 1881 in dem neu entdeckten Sils Maria im Engadin. Soeben ist die »Morgenröte« erschienen, und er schreibt im neuen Selbstgefühl an die Schwester: »Du meinst, es handele sich um ein *Buch*? Hältst auch Du mich immer noch für einen Schriftsteller, meine Stunde ist da.« Liest man etwa den Abschnitt 9 des ersten Buches der »Morgenröte«, »Begriff der Sittlichkeit der Sitte«, so wird in der gnadenlosen, gänzlich unverschnörkelten Präzision des Vortrages die triumphierende Sicherheit des Umwerters deutlich, der mit seinen Ideen zweieinhalb Jahrtausende Lehre und Ethik außer Kraft setzt. Sonderbar ist dabei nur, daß er sich, wenn er von seinen Werken spricht, so gern des biblischen Tonfalles bedient.

In dem langen, berühmten Brief vom 14. August 1881 an den Freund und Jünger Peter Gast schöpft er aus dem Tiefsten der eigenen Existenz. Das eine ist die Einsamkeit:

> Wenn ich nicht meine Kraft aus mir selbst nehmen könnte, wenn ich auf Zurufe Ermutigungen, Tröstungen von außen warten müßte, wo wäre ich! was wäre ich! Es gab wahrhaftig Augenblicke ..., wo ich einen kräftigenden Zuspruch, einen zustimmenden Händedruck, wie das Labsal aller Labsale empfunden hätte. ... Jetzt erwarte ich's nicht mehr und empfinde nur ein gewisses trübes Erstaunen, wenn ich z. B. an die Briefe denke, die ich jetzt bekomme ... keiner hat etwas durch mich erlebt, keiner sich einen Gedanken *über* mich gemacht – es ist achtbar und wohlwollend, was man mir sagt, aber ferne, ferne, ferne.

In demselben Brief liest man über die Intensitäten seines Gefühls, die ihn »schaudern und lachen machen.« Seine Augen sind entzündet, er hat auf seinen Spaziergängen zuviel geweint, »und zwar nicht sentimentale Tränen, sondern Tränen des Jauchzens; wobei ich sang und Unsinn redete, erfüllt von einem neuen Blick, den ich allen Menschen voraus habe«. Bei solchen Schilderungen braucht man nicht mehr den dionysischen Menschen zu bemühen. Die umstürzenden Gedanken und die elementaren Verzückungen gehören zusammen. Wenn die Gedanken sich zu Visionen auftun und auftürmen, »wenn man in dem großen Strome des Gedankens und Gefühls lebt, und selbst unsere Träume in der Nacht diesem Strome folgen« (Morgenröte 5,572), dann erwartet man vom Leben nichts anderes mehr als Beruhigung und Stille.

In diesen Zusammenhang verlegt Nietzsche im späten Lebensrückblick von »Ecce homo« den zentralen Gedanken seiner Lehre, den von der ewigen Wiederkunft aller Dinge. »Ich ging an jenem Tage durch die Wälder, bei einem mächtigen, pyramidal aufgetürmten Block unweit Surlei machte ich halt. Da kam mir dieser Gedanke.« Auch *seine* Kirche wird auf einen Fels gebaut. Das Jauchzen von Sils Maria mit seinen Freudentränen setzt sich im Januar 1882 in Genua fort. Der Schaffensrausch bringt – als Fortsetzung der »Morgenröte« – das Buch zustande, das er mit »Die fröhliche Wissenschaft« überschreibt, also eine neue Frohbotschaft. Seine Krankheit dauert fort, aber er ist nun entschlossen, an seine Große Genesung zu glauben. Zum Neujahrstag 1882 schreibt er den Vorsatz nieder: »Ich will immer mehr lernen, das Notwendige an den Dingen als das Schöne sehen: so werde ich einer von denen sein, welche die Dinge schön machen. Amor fati: das sei von nun an meine Liebe!« Ausdrücklich verzichtet er auf Klage und Anklage. »Alles in allem und großen: Ich will irgendwann einmal nur noch ein Ja-sagender sein.« Darüber stehen die Verse, die er dem schönsten, dem *heiligen* Januarius geweiht hat, dem wintersonnenglänzenden Monat, der ihm geholfen, der ihn geheilt hat:

Der du mit dem Flammenspeere
Meiner Seele Eis zerteilt,
Daß sie brausend nun zum Meere
Ihrer höchsten Hoffnung eilt:
Heller stets und stets gesunder,
Frei im liebevollsten Muß: –
Also preist sie deine Wunder,
Schönster Januarius!

»Amor fati«, »das liebevollste Muß«, da stellt sich als Lebenskraft, wie nur je im tiefer verstandenen Christentum, die Liebeskraft ein. Zarathustra, der neue Verkünder, ist ein Liebender. Seine Predigt beim Niedersteigen vom Berg (man darf ruhig seine »Bergpredigt« sagen) besteht aus achtzehn Liebeserklärungen. Am Ende des »Sanctus Januarius« (also des vierten Buches der »Fröhlichen Wissenschaft«) tritt Zarathustra zum erstenmal auf. Mit dreißig, so berichtet der Autor, verließ Zarathustra seine Heimat und ging ins Gebirge. Dort genoß er zehn Jahre lang »seines Geistes und seiner Einsamkeit«. Man braucht nicht nachzurechnen: es ist bei Nietzsche die Zeit der großen Aphorismenbücher, der Distanz, die sich in Einsamkeit verwandelte, des

Geistes, der luzid und kalt war. Nun tritt Zarathustra mit gewandeltem Herzen vor die Sonne als das in Güte überfließende, das wohltätige Gestirn und redet sie an: »Du großes Gestirn, was wäre dein Glück, wenn du nicht die hättest, denen du leuchtest«! Die Sonne verschenkt ihren Überfluß an die Menschen, auch Zarathustra bedarf nun der Hände, die sich nach ihm ausstrecken: »Ich möchte verschenken und austeilen.« Dazu muß auch er, wie die Sonne, in die Tiefe steigen, »untergehen«. Er bittet die Sonne: »So segne mich denn, du ruhiges Auge, das ohne Neid auch allzugroßes Glück sehen kann! Segne den Becher, welcher überfließen will, daß das Wasser golden aus ihm fließe und überallhin den Abglanz deiner Wonne trage!«

Die Wandlung läßt sich in einem Satz umschreiben: Aus dem Aufrührer ist ein gütiger Souverän geworden. Seine Menschenliebe ist natürliches Überfließen seiner Größe und Güte, und dieses Überfließen ist notwendig: »du würdest deines Lichtes und deines Weges satt geworden sein, ohne mich, meinen Adler und meine Schlange«. Bedeutungsvoll hört der Abschnitt auf: »Zarathustra will wieder Mensch werden.«

Wörtlich übernimmt er das letzte Kapitel des »Sanctus Januarius« in das neue Buch »Also sprach Zarathustra«, das er »ein Buch für alle und keinen« nennt. Alle sind berufen, wenn sie Ohren haben zu hören, aber keiner der jetzt Lebenden wird es voll verstehen. Gleich im zweiten Kapitel trifft der zu den Menschen niedersteigende Zarathustra auf den »alten Heiligen«, der Gott liebt und von den Menschen nicht viel hält. »Ich liebe die Menschen«, gibt ihm Zarathustra zu verstehen.

Der neue Nietzsche ist der Ja-Sagende, der dem Leben in seiner Ganzheit, Fülle und ewigen Wiederkehr »gut ist«. Als neue Symboltiere führt er in der ersten Rede Zarathustras (»Von den drei Verwandlungen«) das Kamel und den Löwen ein. Das Kamel stellt die Braven dar, die jahrtausendelang den bösen funkelnden Drachen »Du sollst« ertragen haben. Aber das Kamel vermag sich nicht das Recht zum »Ich will« zu nehmen, denn »ein Rauben ist es ihm und eines raubenden Tieres Sache«.

Der Löwe, das Edel-Wappentier unter den raubenden, muß die Freiheit herstellen, aber die neuen Werte schafft auch er nicht. Dazu bedarf es einer dritten Figur: des Kindes und seiner Unschuld. Nietzsche selbst, der auch dem Kamel seine Lastträgernützlichkeit bestätigt, ist brav geworden. Das Raubtier hat noch seinen Auftritt, aber es brüllt nicht mehr, und es räumt seinen Platz dem lyrischen Liebling Kind.

Was ist aus Dionysos und dem Dionysischen geworden? Wie paßt der Gott mit seiner wilden Lust in die psalmodierende Feierlichkeit, zu dem Predigerpathos des neuen Propheten, der ein ganzes Kirchenvolk abspenstig machen und seiner großen Reform zuführen will? Die Antwort ist: Er macht – wie in der »Geburt der Tragödie« – Dionysos so harmlos, daß kein Ärgernis von ihm ausgehen kann. Er zerlegt ihn in seine Elemente Lachen und Leichtigkeit, Singen und Tanz. Schon der »alte Heilige« der Vorrede fragt, auf Zarathustra blickend: »Geht er nicht daher wie ein Tänzer?« So möchte der Verkünder gern gesehen sein.

In der Rede »Vom Lesen und Schreiben« kommt es Nietzsche-Zarathustra darauf an, vom Schreibtisch wegzulenken hin zur Gipfelluft hoch über den Menschen, wo auch die Sprüche nicht mehr papieren, sondern wie Gipfel sind. Solch ein Spruch lautet zum Beispiel: »Wer auf den höchsten Bergen steigt, der lacht über alle Trauer-Spiele und Trauer-Ernste.« Aus der Höhensicht ist das Leichte zu loben: »Mir, der ich dem Leben gut bin, scheinen Schmetterlinge und Seifenblasen und was von ihrer Art unter Menschen ist, am meisten vom Glücke zu wissen.« Solche Seelchen verführen Zarathustra zu Tränen und Liedern (umschreibt er so seine geliebten Nymphchen?). Jedenfalls bestätigt der nächste Spruch, daß Dionysos trotz allem nur versteckt ist: »Ich würde nur an einen Gott glauben, der zu tanzen verstünde.« Bekämpft werden muß der Geist der Schwere, denn: »Ich habe gehen gelernt: seitdem lasse ich mich laufen. Ich habe fliegen gelernt: seitdem will ich nicht erst gestoßen sein, um von der Stelle zu kommen.«

Aus der Verzückung dieses Leichtwerdens hebt sich ein letzter Satz noch höher, der so »mystisch« und »mänadisch« ist, wie es Nietzsche in seinen besten Augenblicken dichterischer Inspiration erreicht: »Jetzt bin ich leicht, jetzt fliege ich, jetzt sehe ich mich unter mir, jetzt tanzt ein Gott durch mich.«

Schon die nächste Rede, »Vom Baum am Berge«, bringt den Rückfall in das moralische »Du sollst«. Der edle Jüngling wird ermahnt:

> In die freie Höhe willst du, nach Sternen dürstet deine Seele. Aber auch deine schlimmen Triebe dürsten nach Freiheit.
>
> Deine wilden Hunde wollen in die Freiheit; sie bellen vor Lust in ihrem Keller, wenn dein Geist alle Gefängnisse zu lösen trachtet.

Hunde, wenn auch wild, sind keine Raubtiere, aber wer unterscheidet die Tierarten in uns so genau? Zarathustras neue Tugend ist oft nicht leicht vom alten bürgerlich-christlichen Wohlverhalten zu unterscheiden. So doziert er über die Wollust, die dem Gesindel das langsame Feuer ist, auf dem es verbrannt wird, »hingegen für freie Herzen unschuldig und frei, das Gartenglück der Erde, aller Zukunft Dankesüberschwang an das Jetzt«. Was bedeutet es, daß den Löwenwilligen die Wollust der »ehrfürchtig geschonte Wein der Weine« ist? Soll sie wie der Wein im Keller bleiben, bis der Löwenwillige sie endlich heraufholt, um zur Zeugung und Züchtung eines neuen Edelmenschen zu schreiten?

Kurz und gut, wir befinden uns in einer neuen Musterwelt, zu der auch die beiden Tanzlieder gehören, eher neckischer und schäferlicher Natur als dionysische Ausgelassenheiten. In der Warnpredigt »Von den Predigern des Todes« heißt es geradezu: »Das sind die Fürchterlichen, welche in sich das Raubtier herumtragen und keine Wahl haben, es sei denn Lüste oder Selbstzerfleischung. Und auch ihre Lüste sind noch Selbstzerfleischung.«

Im Jahr 1883 erscheinen die beiden ersten Teile des »Zarathustra«, im Frühjahr 1884 kommt der dritte Teil heraus, im

November wird der Plan für den vierten Teil entworfen, im Mai 1885 erscheint – oder vielmehr: erscheint nicht – dieser vierte Teil als Privatdruck in 40 Exemplaren. Diese *work-in-progress*-Form der Publikation dient dem Werk ebensowenig wie der von Nietzsche gewählte Verlag. Der Verleger Schmeitzner in Chemnitz war ein Studienfreund von Köselitz und hatte, wie junge Leute es gerne wagen, einen Verlag gegründet, ohne die Mittel, daraus etwas zu machen. Kein Kunde wurde darauf aufmerksam gemacht, daß er mit den dünnen dunkelgrünen Broschüren von Nietzsches Zarathustra die Werke eines Jahrhundertphilosophen erwarb. Der Mißerfolg wiederum verdüsterte Nietzsches Gemüt. Seine Einsamkeit wuchs, der Traum, mit dem koketten Titel »für alle und keinen« viele Interessenten zu erreichen, war gescheitert. Der Druck des vierten Teiles des »Zarathustra« mußte von Nietzsche selbst finanziert werden, er kostete 284 Mark und 40 Pfennig.

Seltsame Dinge spielten sich in seinem Innern ab, zwischen betonter Distanz zum Zarathustra und seiner Stilisierung zur neuen Heiligen Schrift. Malwida schreibt er am 21. Mai 1884: »Ich will die Menschheit zu Entschlüssen drängen, welche über die ganze menschliche Zukunft entscheiden, und es kann so kommen, daß einmal ganze Jahrtausende auf meinen Namen die höchsten Gelübde tun.« Ziemlich genau ein Jahr später, am 20. Mai 1885, offenbart er sich in ganz anderer Weise in einem Brief an seine Schwester: »Alles, was ich bisher geschrieben habe, ist Vordergrund; für mich selber geht es erst immer mit den Gedankenstrichen los. Es sind Dinge gefährlichster Art, mit denen ich zu tun habe; daß ich dazwischen in populärer Manier bald den Deutschen Schopenhauer oder Wagnern anempfehle, bald Zarathustras ausdenke, das sind Erholungen für mich, aber vor allem Verstecke, hinter denen ich eine Zeitlang sitzen kann.« Er schwankt extrem in der Bemessung seiner Größe und der Bedeutung seiner Werke, nicht nur im Hinblick auf den jeweiligen Adressaten, sondern auch nach seinem Gesundheitszustand und seinen Stimmungen.

Öfter taucht der Gedanke auf, daß der »Zarathustra« nur eine »Vorhalle« ist, daß er sechs weitere Jahre brauchen wird, um das Schema seiner künftigen Philosophie auszuarbeiten, daß das eigentliche Große Werk noch bevorstehe.

So unsicher wie der Rang ist ihm auch die Gattung des eben Vollendeten. Am 9. Februar 1883 bezeichnet er Overbeck gegenüber den »Zarathustra« als Dichtung, am 2. April fragt er Köselitz: »In welche Rubrik gehört eigentlich dieser ›Zarathustra‹? Ich glaube beinahe, unter die ›Symphonien‹.«

Köselitz kontert: »Ich glaube fast unter die heiligen Schriften«, und Nietzsche stimmt nur zu gern zu. Köselitz ist auch der Empfänger einer anderen, höchst bedeutungsvollen Mitteilung. Am 21. März berichtet er von einer Carmen-Aufführung in Genua, empfindet Schöpferglück (»es bewegt sich bei dieser Musik irgend ein ganz tiefer Grund in mir«) und dichtet dabei »fortwährend Dionysoslieder, in denen ich mir die Freiheit nehme, das Furchtbarste furchtbar und zum Lachen zu sagen: das ist die jüngste Form meines Wahnsinns.«

Die Dionysoslieder entschädigen mit ihrer Ausgelassenheit für die an sich haltende Bravheit von »Zarathustra« I bis III. Gleichzeitig enthüllen sie die volle Wahrheit (»das Furchtbarste furchtbar«), sind also, mehr als der verborgene Dionysos im Predigertalar Zarathustras, deutliche Zeugnisse seiner Verfassung und seiner letzten Ziele.

Wir wissen etwas davon, denn diese Lieder sind es vermutlich, die in den zweiten (»Das Nachtlied«, »Das Tanzlied«, »Das Grablied«), in den dritten (»Das andere Tanzlied«) und in den vierten Teil des »Zarathustra« (»Der Zauberer«, »Das Lied der Schwermut«, »Unter Töchtern der Wüste«, »Das trunkene Lied«) eingegangen sind. Das Schwergewicht der Dinge, der Menschheit, der Weltgeschichte, war das eine, das ihm am Herzen lag, das als Prometheus-Aufgabe zu absolvieren war. Das andere, ebenso ernsthaft und gewichtig vor Augen liegend, war das Lob des Leichten, der Sieg des Lachens, der Triumph des Dichters, der sich nun, in den letzten Jahren des bewußten und selbst-bewußten Nietzsche, aus seiner Schriftstellerexistenz losriß und aufschwang. Zwischen beidem bestand ein produktiver Widerspruch. Für den »Zarathustra« hatten die Lieder eine liturgische Funktion, sollten so auf Jahrhunderte geplant sein wie das neue Buch der Bücher selbst, Gegenstücke zu den Götterhymnen der Griechen oder den gregorianischen Gesängen der Christen. Als Schöpfungen eines glücklichen Augenblicks fügten sie sich hingegen in die deutsche Dichtungstradition ein, konnten so persönlich, so romantisch klingen wie Eichendorff-Verse, z. B. so: »Nacht ist es: nun reden lauter alle springenden Brunnen.«

Liest man weiter, so wird diese Einleitungs- und Stimmungsromantik freilich bitter gebrochen: mit dem guten Willen, der austeilenden Liebe Zarathustras ist es ans Ende gekommen. »O Unseligkeit aller Schenkenden! O Verfinsterung meiner Sonne! O Begierde nach Begehren!« Zurückgenommen wird der große Sonnenaufgang am Anfang des »Zarathustra«: »O Einsamkeit aller Schenkenden! O Schweigsamkeit aller Leuchtenden!«

Wie herbeigezaubert ist dafür wieder der alte kosmische heraklitische Einsamkeitstraum: »Einem Sturme gleich fliegen die Sonnen ihre Bahnen, das ist ihr Wandeln. Ihrem unerbittlichen Willen folgen sie, das ist ihre Kälte.« Der Liebende entdeckt seine Nachtseite; er hungert nach Bosheit: »Solche Tücke quillt aus meiner Einsamkeit.« Und er hungert nach Antwort: »Nacht ist es: nun bricht wie ein Born aus mir mein Verlangen – nach Rede verlangt mich.« Das Tanzlied, das unmittelbar darauf folgt, könnte eine Antwort auf die nächtliche Klage sein: Aber leider bleiben die tanzenden Mädchen stumm, so stumm wie Dudu und Suleika im Wüstentöchterlied, und Zarathustra muß sich mit allegorischen Damen namens »Weisheit« und »Leben« zufriedengeben. Die eine sagt zwar lockend oder drohend: »Veränderlich bin ich und wild und in allem ein Weib, und kein tugendhaftes«, aber sie macht bei Zarathustra keinen Gebrauch von diesen Eigenschaften.

Wilder geht es in den Liedern des vierten Teiles zu. Hier, wo kein Publikum mehr droht, wo nur die Freunde Zulaß haben, kann er auspacken, und er tut's im »Lied der Schwermut«. »Schwermut« ist freilich nicht Sache des Luft, Lachen und Leichtigkeit liebenden Zarathustra, und in der Tat wird das Lied erst vorgetragen, nachdem Zarathustra aus seiner Höhle nach draußen gegangen ist. Es singt der Zauberer, und unter Zarathustra-Kommentatoren wird darüber gestritten, wer dieser Zauberer sei. Der Zauberer selbst sagt, daß Zarathustra »einem neuen wunderlichen Mummenschanze« gleiche, in dem sich »mein böser Geist, der schwermütige Teufel, gefällt«, und beansprucht damit, mindestens so echt zu sein wie der Prediger und Verkünder selbst. Nietzsches Neigung zu Ironie und Versteckspiel bedenkend, geben wir dem Zauberer gerne recht. So also singt der Zauberer sein dionysisches Lied:

Der *Wahrheit* Freier? Du? ...
Nein! Nur ein Dichter!
Ein Tier, ein listiges, raubendes, schleichendes,
Das lügen muß,
Das wissentlich, willentlich lügen muß:
Nach Beute lüstern,
Bunt verlarvt,
Sich selber Larve,
Sich selbst zur Beute –
Das – der Wahrheit Freier?
Nein! Nur Narr! Nur Dichter!
Nur Buntes redend,
Aus Narren-Larven bunt herausschreiend,
Herumsteigend auf lügnerischen Wort-Brücken,
Auf bunten Regenbogen,
Zwischen falschen Himmeln
Und falschen Erden,
Herumschweifend, herumschwebend, –
Nur Narr! *Nur* Dichter!

Natürlich ist »Nur Narr! Nur Dichter!« keineswegs eine endgültige Kennzeichnung und Ent-Larvung. Das »nur« am Ende ist in Anführungszeichen gesetzt wie am Anfang das Wort »Wahrheit«.

Aber der Zauberer spricht gegen den Zarathustra, der, eben indem er predigt, schon das Leben verrät, das durch seine wilde Existenz alle gepredigte und erstarrte Wahrheit widerlegt. So die zweite Strophe:

Das – der Wahrheit Freier?
Nicht still, starr, glatt, kalt,
Zum Bilde worden,
Zur Gottes-Säule,
Nicht aufgestellt vor Tempeln,
Eines Gottes Türwart:
Nein! feindselig solchen Wahrheits-Standbildern,
In jeder Wildnis heimischer als vor Tempeln,
Voll Katzen-Mutwillens,
Durch jedes Fenster springend
Husch! In jeden Zufall,
Jedem Urwalde zuschnüffelnd,
Daß du in Urwäldern
Unter buntgefleckten Raubtieren
Sündlich-gesund und bunt und schön liefest,
Mit lüsternen Lefzen,
Selig-höhnisch, selig-höllisch, selig-blutgierig,
Raubend, schleichend, lügend, liefest: –
Oder dem Adler gleich, der lange,
Lange starr in Abgründe blickt,
In *seine* Abgründe: – –

Der Dichter macht sich ein Vergnügen daraus, den Adler, der nach Lämmern lüstern und gram allen Lamms-Seelen ist, auf die Beute niederstoßen zu lassen. »Also adlerhaft, pantherhaft / sind des Dichters Sehnsüchte ...«

Sehr kühn und ganz in seinen Bildern verweilend fährt der Sänger fort:

Der du den Menschen schautest
So Gott als Schaf – :
Den Gott *zerreißen* im Menschen
Wie das Schaf im Menschen,
Und zerreißend lachen –
Das, das ist deine Seligkeit!
Eines Panthers und Adlers Seligkeit!
Eines Dichters und Narren Seligkeit! – –

Wild, raubtiermäßig, ist der gesunde Mensch, das ist die alte Lehre aus der »Geburt der Tragödie«, es darf auch der Tiger und es kann zur Not die Katze sein. »Besser und böser« heißt der kurzgefaßte Imperativ, Liebe darf sich nicht ergießen, sondern braucht auch bei dem neuen Menschheitslehrer des vierten »Zarathustra« Bosheit als Korrektiv.

Zunächst allerdings sieht es so aus, als ob der Zauberer die Höhle des Zarathustra »schwül und giftig« gemacht hätte, so sagt es der »Gewissenhafte des Geistes« und hält den höheren Menschen, die sich um Zarathustra versammelt haben, seinerseits eine Predigt. »Ihr freien Seelen!« klagt er, »wohin ist eure Freiheit! Fast dünkt's mich, gleicht ihr solchen, die lange schlimmen tanzenden nackten Mädchen zusahn: eure Seelen tanzen selber!« Das ist in Nietzsches Erotica die gewagteste Szene. Nymphenreigen hat er sich gerne vorgestellt, aber nur im Munde des Ordnungsstifters, des Gewissenhaften, werden die Mädchen unverblümt »nackt« und drastisch »schlimm« genannt. Was tut also Zarathustra, der zurückkehrend die letzte Rede gehört hat? Er wirft dem Gewissenhaften scherzend eine Handvoll Rosen an den Kopf und stellt »rucks und flugs« die wahre Wahrheit wieder her: Der Mensch hat den wildesten und mutigsten Tieren ihre Tugenden »abgeneidet und abgeraubt«: »so erst wurde er – zum Menschen«. Dann schüttelt Zarathustra seinen Freunden die Hände: »Mit Bosheit und Liebe!«

Das Schlußtableau, von Nietzsche mit allen Dichter- und Musikantenkünsten ausgemalt und ausgestattet, läßt dann die Raubtierphantasien fahren. Panther, Tiger, Adler sind verschwunden, erst drängen sich die Freunde, die Genesenen um den heiligen Zarathustra, »dankend, verehrend, liebkosend, ihm die Hände küssend« (wie gern er dergleichen einmal im Leben erlebt hätte!), dann umflattert ihn ein Taubenschwarm. Die Tauben setzen sich ihm auf die Schulter, liebkosen sein weißes Haar »und werden nicht müde mit Zärtlichkeit und Frohlocken«. Dageblieben ist der starke Löwe, der nicht die Wildheit, sondern den Mut der Edlen ausdrückt. Er leckt ihm die Tränen von den Händen. Für den heutigen Geschmack ist der Edel-Kitsch nicht ferne. Der Löwe erfüllt aber zum Schluß noch eine nützliche und für den Abgang Zarathustras wichtige Funktion. Mit seinem Gebrüll erschreckt und verjagt er Zarathustras letztes Publikum, die höheren Menschen. So kann er, endlich wieder allein, seine Höhle zu neuer Wanderung verlassen, »glühend und stark wie eine Morgensonne, die aus dunklen Bergen kam«.

Auch der Mißerfolg des »Zarathustra« brachte ihn nicht um. Er war nun so allein wie damals als Knabe auf der Burg, und er waltete wieder seines Königsamtes. Immer mehr ergriff der Gedanke von ihm Besitz, daß er zu vornehm sei für die Pöbelwelt am Ende des 19. Jahrhunderts. Er ließ zwar gelten, daß man ihn für einen Sonderling hielt, aber es machte ihm nun Spaß, einen auserwählten Zirkel adliger oder ausländischer Persönlichkeiten um sich zu versammeln. Kamen sie aus St. Petersburg oder aus Amerika, um so besser, sie bezeugten die weltweite Ausdehnung seines Ruhmes. Seine Manieren blieben untadelig, und obwohl Köselitz sein Lieblingskomponist blieb und er große Stücke auf seinen schließlichen Erfolg setzte, fand er ihn nun im Umgang und wegen seiner Tischsitten »plebejisch«. Wenn schon nicht mehr der kleine Pastor, so war er für die beiden, die die letzten Jahre mit ihm überlebt hatten, für Franziska und Elisabeth, der kleine Prinz. Zum Schluß war alle Welt – auch der Kellner und die Obstfrau – ihm gegenüber von äußerster Zuvorkommenheit, und er selbst antwortete darauf wie alle großen Herren, mit Leutseligkeit.

Höchst interessant ist, was unter solchen Umständen, angesichts solcher perfekten Zähmung, aus dem Urwaldtraum und aus den Panther-Phantasien wurde, aus dem Hexentrank von Wollust und Grausamkeit, dessen Gefährlichkeit ihm ebenso bewußt war wie sein Entzückungspotential. Im neunten Hauptstück von »Jenseits von Gut und Böse«, dem letzten Aphorismenbuch, das er unmittelbar nach dem Abschluß des »Zarathustra« in Angriff nahm, arbeitete er an der Frage: Was ist vornehm? Gleich der erste Aphorismus, eine Art historischer Überblick, nimmt kein Blatt vor den Mund. Was eine aristokratische Gesellschaft angehe, dürfe man sich keinen »humanitären Täuschungen« hingeben. »Sagen wir es uns ohne Schonung, wie bisher jede höhere Kultur auf Erden *angefangen* hat! Menschen mit einer noch natürlichen Natur, Barbaren in jedem furchtbaren Verstande des Wortes, Raubmenschen, noch im Besitz ungebrochener Willenskräfte und Macht-Begierden, warfen sich auf schwächere, gesittetere, friedlichere, vielleicht handeltreibende oder viehzüchtende Rassen, oder auf alte mürbe Kulturen, in denen eben die letzte Lebenskraft in glänzenden Feuerwerken von Geist und Verderbnis verflackerten.« Die vornehme Kaste, so dekretierte er, war am Anfang immer die Barbaren-Kaste, die nicht nur physisch, sondern auch seelisch stärkere, was auch einschließe, daß sie als *ganzere* Menschen zugleich »die ganzeren Bestien« waren.

Schon vorher, in dem Abschnitt »Zur Naturgeschichte der Moral«, hatte er den Raubmenschen Cesare Borgia gegen das Mißverständnis in Schutz genommen, daß bei solchen »gesündesten aller tropischen Untiere und Gewächse« Krankhaftigkeit vorliege. Offenbar müsse in der heutigen Meinung der tropische Mensch um jeden Preis diskreditiert werden, zugunsten der Gemäßigten und Mittelmäßigen.

Der einsiedlerische, krankheitsgeplagte Privatgelehrte, der er nun ist, entzündet sich am Modell unverschämt sich auslebender Vitalität und ereifert sich in großartig gesteigerter Rhetorik gegen alle Glücksmoral der Mäßigung, zum Beispiel gegen die »Gleichgültigkeit und Bildsäulenkälte« der Stoiker in Betreff der »hitzigen Narrheit der Affekte«. Solche Kritik sei weder Weisheit noch Wissenschaft, sondern »nochmals gesagt und dreimal gesagt, Klugheit, Klugheit, Klugheit, gemischt mit Dummheit, Dummheit, Dummheit«. Vor dieser barocken, alles auf den Kopf stellenden Predigt findet nicht einmal »jenes kühne Fallenlassen der Zügel« im Ausnahmefalle alter weiser Käuze und Trunkenbolde, wie Goethe und Hafis, Gnade, denn es sind ja solche, bei denen »es wenig Gefahr mehr hat«. Und er selbst – der manierliche, verbindliche, ängstliche Professor, der seine brieflichen Wutausbrüche und Zurechtweisungen lieber nicht abschickt? Er wartet, auch ein Raubtier hinter Gittern, bis das Gitter, die Vernunft, fällt. Aber auch danach, im Wahnsinn, hat er zwar dem einen oder anderen Wutanfall freien Lauf gelassen, aber niemandem ein Leides getan. Nur in der Phantasie hat er mit voller Lust füsilieren und exekutieren lassen; im herrlichen Gefühl einer Kraftentfaltung, bei der kein richtiger Tropfen wirklichen Blutes vergossen wurde.

Bei all dem blieb das Schriftstellertalent des Philosophen und Propheten beneidenswert intakt. Wenn ihm je etwas bedingungslos gehorcht hat, dann das Wort. Es blieb auch in dem unaufhaltsamen Wachsen seines Wahnes die Klarheit der Gliederung und Gedankenführung, und das Vokabular wurde womöglich noch funkelnder. Er kämpfte eher gegen Überfülle als gegen Verarmung und Abfall, und die Masse seiner hinterlassenen Aufzeichnungen zeigt, daß er auch in der letzten Zeit noch ein paar Schriften hätte aus dem Boden stampfen können.

Wie großartig er war, wenn er ohne Prediger-Absichten dichtete, nur seinem Künstlertum und dessen subtilen Anweisungen überlassen, zeigt ein Gedicht des letzten Jahrzehnts, das weder im »Zarathustra« noch in den »Dionysos-Dithyramben« seinen Platz fand und das hier als Ganzes, in der alten Orthographie, als Denkmal seiner künstlerischen Kühnheit und Klarheit, seiner Wildheit und seines Maßes, stehen soll, wie er's am 22. November 1884 dem Freund Peter Gast geschickt hat:

An den Mistral

Ein Tanzlied

Mistral-Wind, du Wolken-Jäger,
Trübsal-Mörder, Himmels-Feger,
Brausender, wie lieb' ich dich!
Sind wir Zwei nicht eines Schooßes
Erstlingsgabe, eines Looses
Vorbestimmte ewiglich?

Hier auf glatten Felsenwegen
Lauf' ich tanzend dir entgegen,
Tanzend, wie du pfeifst und singst:
Der du ohne Schiff und Ruder
als der Freiheit freister Bruder
Ueber wilde Meere springst.

Kaum erwacht, hört' ich dein Rufen,
Stürmte zu den Felsenstufen,
Hin zur gelben Wand am Meer –
Heil! Da kamst du schon gleich hellen
Diamant'nen Stromesschnellen
Sieghaft von den Bergen her!

Auf den eb'nen Himmelstennen
Sah ich deine Rosse rennen,
Sah den Wagen, der dich trägt,
Sah die Hand dir selber zücken,
Wenn sie auf der Rosse Rücken
Blitzesgleich die Geisel schlägt –

Sah dich aus dem Wagen springen,
Wogen peitschen, Meere zwingen,
Sah dich wie zum Pfeil verkürzt
Rückwärts mit der Ferse stoßen,
Daß dein Wagen in die Rosen
Erster Morgenröthen stürzt.

Tanze nun auf tausend Rücken,
Wellen-Rücken, Wellen-Tücken –
Heil, wer neue Künste schafft!
Tanzen wir in tausend Weisen,
Frei – sei unsre Kunst geheißen,
Fröhlich – unsre Wissenschaft!

Raffen wir von jeder Blume
Eine Blüthe uns zum Ruhme
Und zwei Blätter noch zum Kranz!
Tanzen wir gleich Troubadouren
Zwischen Heiligen und Huren,
Zwischen Gott und Welt den Tanz!

Wer nicht tanzen kann mit Winden,
Wer sich wickeln muß mit Binden,
Angebunden, Krüppel-Greis,
Wer da gleicht den Heuchel-Gänsen,
Ehren-Tölpeln, Tugend-Gänsen,
Fort aus unserm Paradeis!

Wirbeln wir den Staub der Straßen
Allen Kranken in die Nasen,
Scheuchen wir die Kranken-Brut!
Lösen wir die ganze Küste
Von dem Odem dürrer Brüste,
Von den Augen ohne Muth!

Jagen wir die Himmels-Trüber,
Welten-Schwärzer, Wolkenschieber,

Hellen wir das Himmelreich!
Brausen wir – oh aller freien
Geister Geist, mit dir zu zweien
Braust mein Glück dem Sturme gleich!

– Und das ewig das Gedächtniß
Solchen Glücks, nimm sein Vermächtnis,
Nimm den *Kranz* hiermit hinauf!
Wirf ihn höher, ferner, weiter,
Stürm' empor die Himmelsleiter,
Häng' ihn – an den *Sternen* auf!

Mancherlei läßt sich zu diesen Versen bemerken und an ihnen bemäkeln, zum Beispiel, daß zu der vom Winde weggefegten Krankenbrut wohl auch der so oft wehleidige und bettlägerige Professor Nietzsche gehört haben würde. Nietzsche würde dazu zustimmend genickt und mit seinem Zarathustra-Wahlspruch geantwortet haben: »Was liegt daran?«

Wer Dichtung liebt, dem kann es gleichgültig bleiben, daß der Autor bestenfalls ein rüstiger Marschierer war, aber nur in Jugendzeiten das Tanzbein schwang. Weiß man denn, ob nicht gerade die Fesselung, die Schwäche, die tägliche Qual diese unglaubliche Verzückung, diese sich ergießende Schöpferlust hervorgepreßt haben? Reim und Rhythmus fügen sich den Wirbeln und Wogen der Begeisterung wie von selber. Lachen, Leichtigkeit, Lust, Leid sind keine Schachfiguren eines philosophischen Gegenentwurfs, sondern aus dem Glück des Augenblicks geboren, wirken – bei höchster Kunstfertigkeit – improvisiert. Um es mit einem Lieblingswort Nietzsches zu sagen: sie jauchzen.

Man tut aber gut daran, auch zu lesen, was Nietzsche dem Freund dazu zu sagen hatte: »Hier, mein lieber Freund Gast, ist etwas, das *Ihnen* gehören soll, wenn es *jenen* großen erhaben-ausgelassenen *Orchester*-Tanz, der in Ihnen schlummert, zum Aufwachen bringt – einen Tanz für *großes* Orchester, das gut brüllen und brausen kann!« Wie sonderbar: Er, der so leicht geneigt war, seine philosophischen Schriften für Jahrhundert- und Jahrtausendwerke zu halten, sucht für dieses makellos gelungene Gedicht, in dem das Brausen des Mistral Wortmusik geworden ist, einen Verstärker, nicht in Gestalt einer Vertonung (was auch schon überflüssig gewesen wäre), sondern als Illustration, als Ton-Gemälde zu einer Wort-Skizze, oder – noch bescheidener – als Kompositionsanreiz. Nur die Musik, das Ur-Element, ist die wahre dionysische Sprache, das ist der eine Irrtum, dem Nietzsche unterliegt, und: Nur Peter Gast wird so berühmt werden, daß das Lied »An den Mistral« bei der Veröffentlichung seines Werkes unsterblich werden wird, das ist der zweite, der noch gründlicher daneben trifft. Wie hätte es ihn getröstet, zu erfahren, daß weder Gottfried Keller noch Theodor Storm noch Conrad Ferdinand Meyer, die bleibenden Lyriker aus jenen Jahrzehnten, etwas so Brausendes wie dieses Tanzlied zustande brachten. So verwirklichte er selbst mit vierzig, was er mit vierzehn zum erstenmal als Ur-Erlebnis aufgezeichnet hatte: Als er am Himmelfahrtstag in der Stadtkirche zu Naumburg das Händelsche Halleluja hörte, da war ihm, so schrieb er mit seiner noch kindlichen Orthographie, als ob er den Jubelgesang der Engel vernehme, »unter dessen Braußen Jesus Christus gen Himmel führe«.

8. Kapitel

Letzte Flüche und Entzückungen

Nur Narr! Nur Dichter! – Nur den Narren hätten die Zeitgenossen gelten lassen. Aber Dichter?
Er selber schrieb ja unverdrossen Jahr um Jahr nur Philosophenbücher. Der gleichen Zeit wie das Mistral-Gedicht gehört ein Briefentwurf an Julius Rodenberg an, den Herausgeber der »Deutschen Rundschau«. Er wisse nicht, schrieb Nietzsche, ob die »Rundschau« überhaupt Gedichte veröffentliche, »der gegenwärtige Fall aber«, so weiter, »daß Friedrich Nietzsche selber einer Zeitschrift das Anerbieten mache, etwas von mir zu drucken – geht so sehr wider alle meine Regel, daß auch Sie hier einmal eine Ausnahme machen können – eine Ausnahme wie ich unbedingt voraussetze, zugunsten und zum Vorteil Ihrer Zeitschrift«. Wie elend war es, so bitten zu müssen, und wie stolz führte sich der Bittsteller auf, um sein Elend zu überspielen. Der Brief wurde nicht abgesandt. Was wäre gewesen, wenn er selbst sich und die Welt ihn als Lyriker entdeckt, wenn alle Welt ihn als Dichter gut gefunden hätte?

Statt dessen seufzte er in einem anderen nicht abgeschickten Brief an einen Herrn L.: »Wer weiß, ob Sie sich meiner noch erinnern. Denn ich bin ein Einsiedler, und wenn ich selber die halbe Welt vergessen habe, so wird billigerweise wohl drei Viertel Welt (oder mehr) mich vergessen haben.«

Trotzdem – oder gerade darum – war er fleißiger denn je: die Ausgabe seiner Briefe verzeichnet vom Januar 1885 bis Dezember 1886, also für knapp zwei Jahre, fast 220 Nummern, die nachgelassenen Fragmente von Herbst 1885 bis Herbst 1887 zählen 574 Seiten. Im Jahre 1886 erscheinen »Jenseits von Gut und Böse« und, mit neuen Vorreden versehen, »Die Geburt der Tragödie« und »Menschliches, Allzumenschliches«. Das Jahr 1887 bringt neue Auflagen von »Morgenröte« und »Fröhlicher Wissenschaft«; der letzteren sind nun Lieder beigegeben, mit dem Titel »Lieder des Prinzen Vogelfrei«. Angeblich in zwanzig Julitagen schreibt Nietzsche die »Genealogie der Moral«, die im November 1888 schließlich erscheint. Das Hauptwerk, das mit »Umwertung aller Werte« umschrieben werden kann (er selbst schwankt zwischen vielen Titeln und Einteilungen), schiebt er vor sich her und arbeitet rastlos an Streit- und Verteidigungsschriften wie »Der Fall Wagner«, »Der Antichrist«, »Götzen-Dämmerung«, »Nietzsche contra Wagner«, »Ecce homo«. Auf den 1. Januar 1889 ist seine letzte Arbeit, die Reinschrift der »Dionysos-Dithyramben«, datiert.

Gewaltig die Menge der nachgelassenen Aufzeichnungen auch vom November 1887 bis Anfang Januar 1889: in einem Jahr und einem Monat 638 Druckseiten. Die vorletzte Aufzeichnung ist wie ein Testament mit »Letzte Erwägung« überschrieben. Sie beginnt: »Könnten wir der Kriege entraten, umso besser« und enthält als Rezept, als letztwillige Verfügung den Satz: »Kurz und gut, *sehr* gut sogar: nachdem der alte Gott abgeschafft ist, bin ich bereit, *die Welt zu regieren* ...« Die letzte enthält die Parodie eines Todesurteils: »Condamno te ad vitam diaboli vitae.« (»Ich verurteile dich zum Leben als Teufel«) und darunter: »Indem ich dich vernichte, Hohenzollern, vernichte ich die Lüge.« Da haben die Wut und der Wahn, die lebenslange Demütigung und die im gleichen Maße wachsende Selbstüberschätzung und Selbstvergottung endlich den Scharfsinn, den Witz, die Ironie, die Kritik mattgesetzt.

Die Lüge, die Nietzsche in einer seiner bedeutendsten Abhandlungen, in der über »Wahrheit und Lüge im außermoralischen Sinne«, ihres alten Sündencharakters entkleidet hatte, um alle Nuancen zwischen »Lügen« und »Wahrheiten« zu erkennen, ist nun wieder Teufelswerk, wie in frommen Kinderzeiten. Nur daß Nietzsche diese Teufelei selbstverständlich seinen frommen Gegnern zuschreibt. Nieder mit der Lüge, nieder mit dem Feind!

So sehr der Feind Wagner auch noch nachspukt, als der ewige Widerspruch zur eigenen Genialität, das Christentum bleibt der Todfeind, wird der Todfeind im wörtlichen Sinne, denn von seiner Niederringung wird es abhängen, ob am 30. September 1888, mit der Fertigstellung des »Antichrist«, die neue Ära, das Jahr Eins der dionysischen Zeitrechnung, beginnen kann. Darum ist der »Antichrist«, ursprünglich geplant als erster Band des End- und Lebenswerkes »Umwertung«, zuletzt mit dem Untertitel »Fluch auf das Christentum« versehen worden. Ernst Podach, der Nietzsches »Werke des Zusammenbruchs« herausgegeben hat, bemerkt dazu, daß Nietzsche viel geschimpft, aber vor dieser Schrift nie geflucht habe – als sei Fluchen eine Art schlechten Benehmens. Tatsächlich ist Nietzsches Fluch etwas ganz anderes, sehr Feierliches, so religiös, wie es die vielen Segnungen sind, die Zarathustra ausspricht. Es ist ein Bannfluch wie der, den der Papst verkündet: *Anathema sit!* Diesmal ist es der Gegenpapst.

Der ungeduldig auf seine große Stunde Wartende, der nicht mehr daran glauben mag, daß seine Lehre sich auf dem gewöhnlichen Wege, durch allmähliches Bekanntwerden, verbreitet, kürzt den Weg radikal ab. Er wird wahnsinnig und kann damit die Art der Vernichtung des Gegners und ihren Zeitpunkt selbst bestimmen.

So geschieht etwas sehr Merkwürdiges. Die Schrift »Der Antichrist« gehört an sich noch in die Reihe von Nietzsches Streitschriften. Sie ist zwar scharf, manchmal böse, macht aber doch Unterschiede, räumt wenigstens ein, daß es *einen* wahren Christen, Christus selbst, gegeben habe. Aber auf der letzten Seite verändert sich der Ton, die Stimme wird schrill, der Zeigefinger drohend, die Rhetorik kippt um, plötzlich steht ein glühender Bußprediger vor uns, fanatisch wie die schlimmsten vor ihm, nur mit auf den Kopf gestellter Lehre. Er schreit: »Diese ewige Anklage des Christentums will ich an alle Wände schreiben, wo es nur Wände gibt ... Ich heiße das Christentum den *einen* großen Fluch, die *eine* große innerlichste Verdorbenheit, den einen großen Instinkt der Rache, dem kein Mittel giftig, heimlich, unterirdisch, *klein* genug ist – ich heiße es den *einen* unsterblichen Schandfleck der Menschheit.«

Unheimlich ist, was nun folgt: Auf einem Blatt nur die Ankündigung »Gesetz wider das Christentum«, auf dem folgenden: »gegeben am Tage des Heils, am ersten Tage des Jahres Eins (am 30. September 1888 der falschen Zeitrechnung).

Todkrieg gegen das Laster: das Laster ist das Christentum.

Erster Satz. – Lasterhaft ist jede Art Widernatur. Die lasterhafteste Art Mensch ist der Priester: er *lehrt* die Widernatur. Gegen den Priester hat man nicht Gründe, man hat das Zuchthaus.

Zweiter Satz. – Jede Teilnahme an einem Gottesdienste ist ein Attentat auf die öffentliche Sittlichkeit. Man soll härter gegen Protestanten als gegen Katholiken sein, härter gegen liberale Protestanten als gegen strenggläubige. Das Verbrecherische im Christ-sein nimmt in dem Maße zu, als man sich der Wissenschaft nähert. Der Verbrecher der Verbrecher ist folglich der *Philosoph*.

Dritter Satz. – Die fluchwürdige Stätte, auf der das Christentum seine Basilisken-Eier gebrütet hat, soll dem Erdboden gleich gemacht werden und als *verruchte* Stelle der Erde der Schrecken aller Nachwelt sein. Man soll giftige Schlangen auf ihr züchten.

Vierter Satz. – Die Predigt der Keuschheit ist eine öffentliche Aufreizung zur Widernatur. Jede Verachtung des geschlechtlichen Lebens, jede Verunreinigung desselben durch den Begriff ›unrein‹ ist die eigentliche Sünde wider den heiligen Geist des Lebens.

Fünfter Satz. – Mit einem Priester an einem Tisch essen stößt aus; man exkommuniziert sich damit aus der rechtschaffenen Gesellschaft. Der Priester ist *unser* Tschandala, – man soll ihn verfemen, aushungern, in eine Art Wüste treiben.
Sechster Satz. – Man soll die ›heilige‹ Geschichte mit dem Namen nennen, den sie verdient, als *verfluchte* Geschichte; man soll die Worte ›Gott‹, ›Heiland‹, ›Erlöser‹, ›Heiliger‹ zu Schimpfworten, zu Verbrecher-Abzeichen benutzen.

Wahnsinn? Größenwahn? Gewiß. Das ist die einfachste Erklärung. Die bessere ist: Auf diesen letzten Seiten sind alle Hemmungen weggefallen. Der kleine frühgebändigte Pastor erlaubt sich wieder wild zu sein. Das ominöse Wort »Vernichtung« führt die Feder. Der Hexentrank, die Wollust der Grausamkeit, wirkt, die Lust meldet sich. Schon der Elfjährige hatte für Raub vier Jahre Zuchthaus, für Revolution zehn Jahre Gefängnis, für Nach-dem-Throne-Streben Enthauptung angeordnet.

Der 30. September vergeht, ohne daß eine Welt einstürzt. Auch die seine nicht. Mit dem Wutausbruch ist die Sache scheinbar abgetan. Die Turiner Euphorie kehrt zurück, er betreibt wieder den Fall Wagner, feiert in aller Stille den 45. Geburtstag. An Overbeck schreibt er am 18. Oktober: »Es ist meine große Erntezeit. Alles wird mir leicht, alles gerät mir, obwohl schwerlich schon jemand so große Dinge unter den Händen gehabt hat.« Im Übermut dieser Erntestimmung erfindet er das große Preislied auf die eigene Person, das er – triumphierend über den anderen, der *»Ecce homo«* genannt worden ist – auch so überschreibt: *»Ecce homo!«* »Seht, was für ein Kerl ich bin!«

Allerdings, in dem Brief an Overbeck steht auch kurzerhand: »Ich fürchte, ich schieße die Geschichte der Menschheit in zwei Hälften auseinander.« Die Schrift »Ecce homo« ist »eine hundertfache Kriegserklärung, mit einem fernen Donner im Gebirge«, das Duell mit Wagner sei in dieser Situation eine vollkommene Erholung gewesen, für ihn selbst der Beweis, daß er »das Handgelenk frei habe«. Krieg führen heißt für ihn: den Druck seiner Schriften betreiben und Übersetzungen in die Wege zu leiten.

Dann taucht jäh, in einem Brief an Georg Brandes, den dänischen Kritiker, der die ersten Vorlesungen über Nietzsche hält, eine andere Gegnerschaft, eine andere Angst auf, die alsbald eine weitere Wut auslöst. »Vielleicht wehrt man sich«, schreibt er am 20. Oktober, »von Bayreuth aus, auf reichsdeutsche und kaiserliche Manier, durch eine Interdiktion meiner Schrift – als ›der öffentlichen Sittlichkeit‹ gefährlich: der Kaiser ist ja in diesem Falle Partei.«

Die Strategie des Wahnsinns disponiert den Angriff um. Peter Gast schreibt er am 30. Dezember, drei Monate nach seinem Fluch auf das Christentum, er habe eine Proklamation an die europäischen Höfe mit dem Zweck der Vernichtung des Hauses Hohenzollern erlassen. Den Text schickt er an den (vermeintlichen) *Directeur* von Nietzsches Lieblingszeitung *»Journal des Débats«*, Jean Bourdeau. Der billigt seine antipreußischen Gefühle, meint aber, daß der Aufruf nicht zur Veröffentlichung geeignet sei. Die Antwort erreicht Nietzsche nicht mehr, er hat aber dem ersten gleich einen zweiten Brief folgen lassen, in dem er Bourdeau vorschlägt, das Wort »exekutieren« durch »niet- und nagelfest machen« zu ersetzen. Aber dann gewinnt die Wut die Oberhand. Die alte Gesprächspartnerin Meta von Salis liest entsetzt, er lasse eben Bismarck, Kaiser Wilhelm und den antisemitischen Hofprediger Stöcker erschießen; ähnliches erfahren Overbeck, Jacob Burckhardt und Strindberg, der den interessanten Leidensgefährten und Frauenfeind Nietzsche für sich entdeckt hat.

Auch in Rom hat er seine Mittelsmänner. An den Literaten Ruggero Bonghi schreibt er, er werde das Deutsche Reich »in einen eisernen Gürtel einschließen«. Er hat die Politik durchaus verfolgt: 1887 ist der Dreibund, die Tripel-Allianz, zwischen dem Reich, Österreich-Ungarn und Italien, deren Spitze sich gegen Frankreich richtet, verlängert worden, und da er nun alles

Heil für sich von Frankreich erwartet, setzt er auf die Anti-Dreibund-Karte und erlaubt sich den Scherz, die Tripel-Allianz als *mésalliance* zu bezeichnen. Italien wird schon abspringen vom Bündnis, denn er selbst wird demnächst in den Quirinal, den Königspalast in Rom, umsiedeln, und schau an! bei dieser Gelegenheit soll es auch nicht an einer diplomatischen Visite beim Heiligen Stuhl fehlen.

So größenwahnsinnig die Idee eines demnächst anzutretenden Weltregiments ist, so wenig verrückt im platten Sinne ist der kommende Weltregent. Er sieht sich gleichzeitig als großen Spaßmacher, als »Possenreißer der Ewigkeit«, und entlastet sich damit. Monsieur Bourdeau in Paris beruhigt er, was das Exekutieren angeht, mit dem Satz: »Ich halte es aufrichtig für möglich, die ganze absurde Lage Europas durch eine Art von welthistorischem Gelächter in Ordnung zu bringen, ohne daß auch nur ein Tropfen Blut zu fließen brauchte.« Wie das? Nun, das »Journal des Débats« wird es schaffen. Das Lachen, dieses Fundament der dionysischen Philosophie, macht notfalls auch Weltgeschichte. Auch Lächerlichkeit tötet bekanntlich. Man muß nur die großen Zeitungen an der Hand haben, zum Beispiel den »Figaro«. In seinem allerletzten Brief, dem an Jacob Burckhardt, teilt er mit, er habe, da er die nächste Ewigkeit die Welt durch schlechte Witze zu unterhalten habe, jetzt in Turin ein Büro (er sagt »eine Schreiberei«), »sehr hübsch und ganz und gar nicht anstrengend«. Die Post sei nicht weit, er selbst werfe die Briefe ein, »um den großen Feuilletonisten der *grande monde* abzugeben«. Wie da der alte Traum sich wieder rührt: in Paris berühmt zu sein, als ein Mann von Welt, ausgestattet mit jener Macht, die er sein Leben lang als Übel der modernen Zeit bekämpft hat: mit der Macht der Presse.

Seine Verrücktheiten sind wohldurchdacht. Wenn er wirklich der wiederkehrende Dionysos ist, kann er schlechterdings die Welt und das Weltregiment nicht ernst nehmen. Spaßhaft teilt er der alten Gönnerin Cosima, die von ihm abgefallen ist, in zwei Zeilen mit: »Man erzählt mir, daß ein gewisser göttlicher Hanswurst dieser Tage mit den ›Dionysos-Dithyramben‹ fertig geworden ist.« In einem zweiten Billett kann Cosima lesen: »Es ist ein Vorurteil, daß ich ein Mensch bin.« Seine Inkarnationen waren Buddha und Dionysos, Alexander und Cäsar, Voltaire und Napoleon, »dieses Mal aber«, trumpft er auf, »komme ich als der siegreiche Dionysos, der die Erde zu einem Festtag machen wird ...« »Nicht daß ich viel Zeit hätte ...«, fügt er ängstlich oder drängend hinzu. Adressiert ist das Billett an die Prinzeß Ariadne, »meine Geliebte«. Sie Wagner, sei's auch erst nach seinem Tode, abzujagen, ist der höchste Triumph.

Hat er ernsthaft an solche Ankündigungen geglaubt? Ja und nein. Die Welt perspektivisch zu sehen, hatte er gelehrt und praktiziert. Es fiel ihm jetzt, in seiner Enthemmtheit, nicht schwer, Napoleon oder Buddha abzugeben, aber doch nur rollenweise, schnell wechselnd, »wie ein Kind mit Welten spielend«.

Es war nicht weit her mit seinen Kraftakten. Er war bis zuletzt eher sanft als wild, und nur in seiner Phantasie riß er Welten ein und ließ blutrünstige Barbaren die alten Kulturen zerstampfen. Wenn er ein Schreibtischtäter war, so einer von denen, die die Hände vorm Gesicht zusammenschlagen, wenn sie sehen, was sie angerichtet haben. Auch mit seinem antichristlichen Fanatismus war es nicht weit her, sonst hätte er nicht ein paar Wochen nach seinem großen Bannfluch planen können, dem Papst seine Aufwartung zu machen. Am meisten ganz er selbst war er in den Scherzen mit Jacob Burckhardt. Da fand er sich wieder als der, der er sein wollte, als der weltmännische Gelehrte, dem die deutschen Kollegen auf die Nerven gingen und der von Burckhardt abgeschaut hatte, wie man geistreich Wissenschaft doziert. So ist unter lauter »göttlichen« Scherzen, die am 3. und 4. Januar 1889 sozusagen in Serie fabriziert wurden, das eine wunderbare Billett an Jacob Burckhardt entstanden, das – vor dem langen letzten Brief Nietzsches an ihn – in fünf Zeilen sagt, was Burckhardt für ihn bedeutet: »Nun sind Sie – bist du – unser großer größter Lehrer: denn ich, zusammen mit Ariadne, habe nur das goldene Gleichgewicht der Dinge zu sein, wir haben in jedem Stücke solche, die über uns sind ...«

Nichts daran stimmt, denn Nietzsche hat weder die Lehren Burckhardts sich zu Herzen genommen, noch konnte er, der labilste aller Denkenden, das Gleichgewicht der Dinge, und gar ein goldenes, verkörpern. Erst recht war er mit keiner Ariadne zusammen, die mit ihm diese Rolle geteilt hätte. Trotzdem ragt dieses Bekenntnis der Selbstbescheidung wie ein perfektes Gedicht aus dem Schwall der hingekritzelten Billetts heraus und zeigt, daß er in *einem* Stück niemand über sich hatte: in seiner Schreibkunst.

In den letzten Wochen, in denen Nietzsche seine Vergöttlichung aktiv, fast leiblich, erfuhr, war er Hans im Glück. In drei Briefen, an die Mutter, an Overbeck und an Meta von Salis, hat er diese Euphorie geschildert, höchst tröstliche Dokumente für jeden, der die ewige Plage seiner Krankheiten und Mißerfolge verfolgt hat. Das Leben, dessen Kult er so unermüdlich betrieb, lohnte es ihm zum Schluß. Die Beschreibungen beginnen mit der »vollkommenen Faszination«, die er ausübt:

> ... wenn ich in ein großes Geschäft komme, so verändert sich jedes Gesicht; die Frauen auf der Straße blicken mich an, – meine alte Hökerin legt für mich das Süßeste von Trauben zurück und *hat den Preis ermäßigt*! ... Ich esse in einer der ersten Trattorien, mit 2 ungeheuren Etagen von Sälen und Zimmern. Ich zahle für jede Mahlzeit 1 fr. 25 mit Trinkgeld – und ich bekomme das Ausgesuchteste in der ausgesuchtesten Zubereitung –, ich habe nie einen Begriff davon gehabt, weder was Fleisch, noch was Gemüse, noch was all diese eigentlichen italienischen Speisen sein können ... Heute z. B. die delikatesten *ossobuchi*, Gott weiß, wie man deutsch sagt, das Fleisch an den Knochen, wo das herrliche Mark ist! Dazu *broccoli* auf eine unglaubliche Weise zubereitet, zuerst die allerzartesten Maccaroni. – Meine Kellner glänzen vor Feinheit und Entgegenkommen ...«

Luxus für 1 fr. 25, der kleine Pastor auf dem Weg zum Grandseigneur. Möglich, merkt er an, daß einer der ihn Bedienenden eines Tages sein Koch sein wird. Es kann nur noch aufwärtsgehen, denn der Erfolg meldet sich allenthalben, außer im stupiden Deutschland. Endlich kann er der Mutter gegenüber auftreten, die von seinen Werken nichts versteht, sondern nur nach den Wirkungen urteilt: »Siehst du, das ist das Kunststück: ohne Name, ohne Rang, ohne Reichtum werde ich hier wie ein kleiner Prinz behandelt ... Meine Gesundheit ist wirklich ausgezeichnet ... Turin ist wirklich meine Residenz; ah mit welcher *Distinktion* man mich hier behandelt! –«

Man versteht die meisten der Wahnsinnsbilletts erst ganz, wenn man sie im Rahmen dieser prinzlichen Wohlgelauntheit betrachtet. Ein Prinz streut Gunstbeweise um sich, Orden und Ehrenzeichen; so verfährt auch unser Gott-Prinz Dionysos. Am besten schneidet dabei Rohde ab, der eigentlich Abgefallene, aber am meisten Begabte und am meisten Geliebte: »... wage ich es, dich unter die Götter zu versetzen und die allerliebste Göttin neben dich ...« Jacob Burckhardt wird, der größte Lehrer, Peter Gast zum Sänger des neuen Äon (der reagiert keineswegs verwundert, sondern berichtet, es sei gleich etwas wie ungarische Musik aus ihm hervorgesprungen). Malwida wird ihr Wagnertum verziehen, weil sie ihn, Nietzsche, »viel geliebt« hat. Overbeck bekommt einen kleinen Rüffel, weil er nicht an Nietzsches Zahlungsfähigkeit geglaubt hat (»kleingläubig« heißt das in der Bibel). Der alte Freund Deussen aber, der etwas dickfellige, aber treuherzige Kumpel aus der guten Zeit, als Nietzsche Student und wirklich dionysisch war, wird zu einer besonderen Charge ausersehen: »Er soll einer meiner großen Satyrn und Festtiere sein.«

Ein einziger Adressat gehört nicht zu dem alten Kreis. Schon am 1. Januar, also vor dem Billett-Segen und -Regen, sind die Schreiben an Catulle Mendès entworfen, die diesem Pariser Autor ankündigen, daß ihm (nur ihm) die »Dionysos-Dithyramben«, Nietzsches letztes Werk, überreicht und in die Hände gelegt werden. Er wird als Dichter der »Isolinen« gerühmt und er wird, feierlicher als Paul Deussen, zum größten und ersten Satyr ernannt, »der heute lebt – und nicht nur heute«. »Mag er mein Geschenk der Menschheit überreichen«, heißt es in der ersten Widmung; in der zweiten begründet Nietzsche: »Indem ich der Menschheit eine unbegrenzte Wohltat erweisen will, gebe ich ihr meine Dithyramben«, und es folgt dann der Satz: »Ich lege sie in die Hände des Dichters der Isoline ...«

So merkwürdig diese Mitteilung an einen für Nietzsche Unbekannten ist, so wenig hat sich die Forschung um sie gekümmert. Wolfram Groddeck, der 1992 die neun »Dionysos-Dithyramben« neu herausgegeben und kommentiert und dafür zwei Bände mit 700 Seiten gebraucht hat, läßt die Sache auf sich beruhen. Vorher schon hatte Ernst Podach in seiner Ausgabe der »Werke des Zusammenbruchs« (1961) mitgeteilt, was er über Catulle Mendès wußte, z. B. daß er einen Roman über Wagner und Ludwig II. mit dem Titel *»Le roi vierge«* (»Der jungfräuliche König«) veröffentlicht hatte, der in mehreren Auflagen erschien. Und die von Nietzsche genannte Isoline? Auch darüber wußte Podach einiges: Isoline, ein Märchen in zehn Bildern, mit Musik von André Messager, wurde am 26. Dezember 1888 im Renaissance-Theater in Paris uraufgeführt. Das *Journal des Débats*, Nietzsches Blatt, berichtete darüber am 30. Dezember, am Morgen jenes 1. Januar mußte Nietzsche diesen Bericht gelesen haben. Was stand denn drin? Podach hat nicht nachgeschaut, kein anderer hat nachgeschaut. Nietzsches Überschwenglichkeit, seine große Geste, auch sein listiges Kalkül, blieben unentdeckt, wohl weil sie dem Wahnsinn, seiner Unzurechnungsfähigkeit, zugeschrieben wurden.

Dabei hätte schon der erste Satz der Kritik, die von einem ebenso namhaften Autor wie Mendès, von Jules Lemaître, verfaßt war, auf eine höchst bemerkenswerte Parallele aufmerksam machen können. Lemaîtres Bericht beginnt mit der Feststellung, es habe sich in dieser Woche etwas ganz Unerhörtes, etwas unverschämt Neues abgespielt. Mit »unerhört« beginnt auch Nietzsches Mitteilung an Mendès: »inedita inaudita«, »unerhörte Neuigkeiten« lege er in seine Hände.

Bevor nun der Schleier über »Isoline« gehoben wird, ist noch ein abschließendes Wort über die »Dionysos-Dithyramben« zu sagen. Er habe sich hinter den Zarathustras versteckt, lautet eines von Nietzsches späten Bekenntnissen. So war es wirklich: Er hatte seinen Übermut, sein Dionysisches, seine neue Lachlust zu kurz kommen lassen, als er sich dem weisen alten Prediger überließ. Die Lieder im »Zarathustra« sollten abhelfen, sie waren, wenn schon nicht so liturgisch auf Dionysosfeste abgestimmt, wie Nietzsche eigentlich gewollt hätte, doch »dionysisch«. Die kecksten, das Wüstentöchterlied und die Liebesklage, waren mit allen Vorsichtsmaßnahmen in jenem vierten Teil untergebracht, den Nietzsche zwar hatte drucken lassen, den er aber seinen Freunden vorbehielt. Nun aber, wo er wirklich fest entschlossen war, die Maske des alt-weisen Predigers fallen zu lassen und seinen Dionysos-Triumphzug anzutreten, drohte – in seinen Ängsten – nichts weniger als das Interdikt des deutschen Kaisers wegen Gefährdung der öffentlichen Sittlichkeit.

Um die Weihnachtstage herum muß seine Entscheidung gefallen sein. Er warf alle Bedenken über Bord, nicht wahnsinniger als vorher, aber freier und mutiger. Er entschloß sich, Dionysos zu werden, Philosoph, Spaßmacher und Gott in *einer* Person. Nun wurde mit einem kühnen Federstrich für die Überschrift und mit geduldiger Schönschrift aus älteren und neueren Zarathustra-Liedern der Zyklus der »Dionysos-Dithyramben«. Der kühnste Schachzug in dieser Planung war, daß er den Auftritt, die Epiphanie des Gottes selbst brachte, der in »smaragdener Schönheit« erscheint. Was schadete es, daß in einigen der Lieder Zarathustra noch genannt wurde, daß er der große Held und Heilige blieb? Name war hier Schall und Rauch; überwältigend wirkte die neue Form, das freie reimlose Sprechen, die rauschhafte Rede, das Überquellen der Bilder, das Prophetische nicht feierlich, sondern stürmisch vorgetragen.

Was sollte mit diesen Liedern geschehen, die auch durch ihre freie Form das Morgen, die kommende Moderne, ankündigten? Mitten in solche Überlegungen hinein fiel seine Lektüre der »Isoline«-Kritik. Nietzsche las:*

> Letzte Woche ist etwas ganz Unerhörtes und Unwahrscheinliches, eine Sache von unverschämter Neuheit, passiert. Ein Theater, das nicht der leichten Muse dient wie *Odéon* oder *Théâtre libre*, hat uns etwas gezeigt, das kühner und rarer ist als alle anderswo gespielten Gewagtheiten. Was denn? Ein Zaubermärchen ohne geckenhaften König, ohne blöden Prinzen oder trotteligen Kammerherrn. Ein Zaubermärchen, das ein ebenso gebildeter wie sinnlicher Dichter geschrieben hat. Es ist Monsieur Catulle Mendès ... Gewiß, Stoiker oder Christen, wenn es davon noch welche gibt, werden sich wundern und Anstoß nehmen, und ich selbst gestehe, daß ich Gewissensbisse angesichts meiner Sympathie für diesen zweideutigen und wollüstigen Wort-Zauberkünstler habe unterdrükken müssen. Aber wie charmant er ist! Wie voll von Verführung und Zärtlichkeit! *Legentibus lenocinatur* – wer es liest, wird verkuppelt. Ich muß mich lateinisch ausdrücken, um genau die Art des Vergnügens zu beschreiben, das er uns bereitet. In seinen Versen und in seiner Prosa ist etwas, das an die Künste eines schönen asiatischen Sklaven oder einer Hetäre aus Korinth erinnert. Er ist, meine ich, der einzige, dem es heute noch verliehen ist, erotischer Dichter zu sein wie Tibull oder Ovid (...) und da er der letzte ist, hat er in diese heute eher unzeitgemäße liebenswürdige Aufgabe eine Biegsamkeit und Fülle der Form, ein Raffinement im Sinnlichen, eingebracht, das die alten Meister noch nicht kannten. So hat er, mit dem Vorsatz, ein Zaubermärchen zu schreiben und

* Der französische Originaltext ist im Anhang S. 187 abgedruckt. Für seine Beschaffung bin ich Frau Prof. Ursula Martini-Moureau, Paris, zu Dank verpflichtet.

einem shakespearischen Phantasiestück zu folgen, der keuschen Kindlichkeit eines nordischen Traumes eine lateinische, oder vielmehr lydische oder phrygische Wollust beigemischt und daraus etwas im höchsten Grade Feinschmeckerisches, Pikantes und zugleich Unschuldiges gemacht.

Das war erst die Einleitung, die er – so malen wir es uns aus – geröteten Gesichts und heftig atmend verschlang. Nun erzählte Lemaître, mit pikanten Einzelheiten nicht sparend, den Inhalt, als erstes die Einschiffung zur Liebesinsel Kythera. Es steigen Daphnis und Chloe, der Schäfer und die Schäferin ein, dann ein ungleiches, aber gleichermaßen verführerisches Paar: Kurtisane und Klosterschülerin, »die eine hübsch und extravagant, in allen Farben und mit allen Bändern«, die andere »fast nonnenhaft gekleidet, pausbäckig, unschuldig, aber mit Hexen-Augen«. Die erste lädt ihren Freund ein, in ihre schwarze, aber mit rosenroter Seide gefütterte Corsage zu schauen, die andere erzählt vom Kloster:

Dort friert man im Schlafsaal,
der Freiheit beraubt,
doch ich kenn' manches Labsal,
und mehr, als man glaubt.

Sie hat durch die Scheiben gesehen, wie es Schmetterlinge und Meisen treiben. Im folgenden wechseln verliebte Spiele (Isoline ist eine Prinzessin und Prinz Isolin ist in sie verliebt, darf sie aber nicht haben) mit Ballettdarbietungen, in denen zum Beispiel zwölf trauernde Mädchen auftreten, »in hellen Trikots, die deutlicher sprechen als die Nacktheit selbst«. Darüber tragen sie schwarze Tüllhemdchen mit violetten Bändern, und – so scherzt der Kritiker – »ihre schmachtenden Bewegungen lassen im Rhythmus der Musik das Herzeleid-Weiß unter dem Trauer-Tüll bald aufscheinen, bald verschwinden«.

Wie schade, daß Nietzsche dies nicht mehr Gast in einem Brief beschrieben hat. Aber es kam noch herrlicher für ihn. In der

Kapelle der Liebesgöttin, die mit Spiegeln, Puderdosen und Parfümfläschchen wie ein Boudoir eingerichtet ist, segnet Shakespeares Oberon, als Venuspriester in Kardinalsrot, mit vier purpurbekleideten Chorknaben im Gefolge, den Bund von Isolin und Isoline »im Namen der Liebesgöttin, ihres Sohnes und der Taube«, in unverhüllter Anspielung auf die heilige Dreifaltigkeit. Das ähnelt, meint Lemaître, einem putzigen Hexensabbat oder einer rosenfarbenen Schwarzen Messe. Monsieur Drumont, der Ober-Antisemit in Paris, werde sich diese Blasphemie von seiten des Juden Mendès nicht entgehen lassen.

Das war Wasser auf Nietzsches Mühle, schöner hätte man weder seine Lüsternheit noch seine antichristlichen Tendenzen bedienen können. War das nicht dionysisches Theater, wie er es sich erträumte und in den französischen Operetten wenigstens andeutungsweise erlebt hatte? Er las und faßte einen neuen wohlkalkulierten Entschluß. Wenn es schon gefährlich war, in Deutschland Erotica und Gotteslästerliches erscheinen zu lassen, warum es nicht gleich einem Franzosen anvertrauen, für die Menschheit selbstverständlich, vor allem aber für dessen französische Landsleute, dank einer geistreichen Übertragung, die für den Dichter der Isoline ein Kinderspiel sein mußte? Das war die Erhebung in den neuen Adelsstand der Satyrn wert.

Daß es so war, dafür spricht ein Detail des Dionysos-Billetts. Erst stand da »zwei inaudita inedita«, dann strich Nietzsche »zwei« aus und schrieb »acht« hin. Darf man nicht vermuten, daß die beiden ersten Mendès zugedachten Lieder die besonders anstößigen, »Wüstentöchterlied« und »Liebesklage«, waren? Vielleicht hat auch die Person des Dichters dazu beigetragen, der zu den französischen Wagnerianern gehörte, aber zu seinem Leidwesen mit ansehen mußte, daß seine Frau, Judith Gautier und ihrerseits Dichtertochter, Richard Wagner ins Auge stach, so daß zuerst eine leidenschaftliche, dann eine freundschaftliche Bindung zustande kam. Es mochte eine zusätzliche Würze sein, daß der Dichter der »Isoline«, wie Bülow ein Opfer von Wagners Liebesinbrunst, in Nietzsche seinen Rächer fand.

Schließlich war das Schreiben an Mendès auch eine letzte Huldigung an den französischen Esprit, mit dem er sich verwandt fühlte und von dem er erhoffte, daß er sein Genie schneller erkennen und lebhafter verbreiten werde als die schwerfälligen Deutschen. Cosima, die Französin, hatte ihm einst Montaigne geschenkt und ihm damit den Weg für seine eigenen Sprüche gezeigt. Jacob Burckhardt hatte im Deutsch-Französischen Krieg seine Sympathie zur französischen Seite hinübergelenkt. Gerade diesen beiden hat er in seinen letzten Schreiben am überschwenglichsten gedankt.

Eher preußisch-deutsch ist hingegen Nietzsches Gedanke, das Wild- und Waldtier Satyr in eine Hofcharge zu verwandeln. Wie im alten Himmel die Engel würden im neuen dionysischen die Satyrn in Chören aufgestellt sein, dem höchsten Herrn zu huldigen. Einer allein, Catulle Mendès, war zu wenig, und so gesellte er ihm, nicht ohne Witz, den schwerfälligsten aller schwerfälligen Deutschen zu, der trotzdem seine, Nietzsches, Genialität begriffen hatte.

Wenn wir hier Nietzsches Lektüre der »Isoline«-Kritik als sein *letztes* Entzücken verbuchen, so muß auch noch von seinem *höchsten* Entzücken die Rede sein, das er selbst als sein *non plus ultra* bezeichnet hat. Es ist der Dithyrambus »Ruhm und Ewigkeit«, der zuerst als Abgesang von »Ecce homo« niedergeschrieben wurde. Daß es sich um ein *non plus ultra* handle, teilt er selbst Overbeck, dem Verleger Naumann und Peter Gast mit, dem letzten mit den stärksten Worten. Es ist »jenseits aller sieben Himmel gedichtet ... Man stirbt daran, wenn man es unvorbereitet liest«. Man stirbt, weil es nicht nur übermenschlich, sondern überhimmlisch ist, von dorther stammend, wo Paulus und Dante ihre kühnsten Visionen bezogen. So übergewaltig, so übersüß hat er es erfahren, schluchzend hingerissen.

In der Vorrede zum «Pathos der Wahrheit« hat er einst den Ruhm als höchstes Ziel des Menschen gepriesen und ihn dann doch durch Heraklit als Menschenschwäche abfertigen lassen.

Das ist die Voraussetzung für Zarathustras Abwehrgebärde in diesem Gedicht, die sich bis zur Verfluchung steigert:

> Diese Münze, mit der
> alle Welt bezahlt, *Ruhm* – –
> mit Handschuhen fass' ich die Münze an,
> mit Ekel trete ich sie *unter* mich.

Sein Selbstgefühl ist heraklitisch geworden. Aber wie sehnsüchtig wartet er doch auf jedes Signal seiner wachsenden Bekanntheit, wie stolz meldet er der Mutter, daß er nun »ein berühmtes Tier« ist. Trotzdem ist diese große Gebärde der Verachtung nicht geheuchelt. Wie bei den alten Wetterhäuschen tritt der kleine Gutwetter-Nietzsche zurück, und es rückt vor der gewaltige Gewitter-Nietzsche, der Zeus und Zarathustra, Prometheus und Heraklit im Busen trägt:

> ... aber plötzlich, ein Blitz,
> hell, furchtbar, ein Schlag
> gen Himmel aus dem Abgrund:
> – dem Berge selber schüttelt sich
> das Eingeweide ...
>
> Wo Haß und Blitzstrahl
> Eins ward, ein *Fluch* –,
> auf den Bergen haust jetzt Zarathustras Zorn
> eine Wetterwolke schleicht er seines Wegs,
>
> Verkrieche sich, wer eine letzte Decke hat!
> Ins Bett mit euch, ihr Zärtlinge!
> Nun rollen Donner über das Gewölbe,
> nun zittert, was Gebälk und Mauer ist,
> nun zucken Blitze und schwefelgelbe Wahrheiten –
> Zarathustra *flucht* ...

Wenn das Größenwahn ist, so ist er doch grandios. Und wie so oft bei den letzten Flüchen und Verzückungen, knüpft auch diese Strophe an die frühen Jugenderlebnisse an, an die Gewitter, denen er getrotzt, die er aufgesucht, mit denen er sich eins gefühlt hat.

Dieser zürnende und fluchende Zarathustra ist aber noch nicht der letzte, das *non plus ultra* kommt erst in den letzten Strophen. Es ist still geworden, es öffnet sich der Sternenhimmel, welch ein Sternenhimmel!

Ich sehe hinauf –
dort rollen Lichtmeere:
- oh Nacht, oh Schweigen, oh totenstiller Lärm! ...

Ich sehe ein Zeichen –,
aus fernsten Fernen
sinkt langsam funkelnd ein Sternbild gegen mich ...

Wie war das am Schluß des Mistral-Liedes? Da mußte der Sänger noch die Himmelsleiter emporstürmen, um den Siegeskranz an den Sternen aufzuhängen. Hier geruht ein Sternbild sich zu seinem einzigen Geliebten herabzulassen. Was früher göttlich begnadeter Aufstieg war, vollzieht sich nun aus dem Schoß der heiligen und herrlichen Natur selbst, und es ist nicht mehr als recht und billig, daß ein Gebet darauf Antwort gibt:

Höchstes Gestirn des Seins!
Ewiger Bildwerke Tafel!
Du kommst zu mir? –
Was keiner erschaut hat,
deine stumme Schönheit, –
wie? Sie flieht vor meinen Blicken nicht?

Schild der Notwendigkeit!
Ewiger Bildwerke Tafel!
- aber du weißt es ja:
was alle hassen,
was allein *ich* liebe,
daß du *ewig* bist!
daß du *notwendig* bist!

Meine Liebe entzündet
sich ewig nur an der Notwendigkeit.

Schild der Notwendigkeit!
Höchstes Gestirn des Seins!
– das kein Wunsch erreicht,
das kein Nein befleckt,
ewiges Ja des Seins,
ewig bin ich dein Ja:
denn ich liebe dich, oh Ewigkeit!

Die Glut dieses Gebets kann man »mystisch« finden, aber man gewinnt nichts dabei. Der kleine Pastor, der ein großer Aufklärer geworden war, wußte, daß etwas Stärkeres als Aufgeklärtheit die Menschen künftig binden mußte. Die ewige Wiederkehr, sein neuer Glaube, mußte verinnerlicht, nicht nur gläubig, sondern glühend verkündet und aufgenommen werden, war als Gebet zu sprechen wie einst das Credo. Dann würde sich das »ich« (»was allein *ich* liebe«) zum weltumspannenden »wir« erweitern. Und er selbst würde sein, was in den Evangelien vorgezeichnet war: der Erlöser (mit dem neuen Namen Dionysos), Menschenfreund und Gottessohn.

Vorher mußte noch das Christentum weggeschossen, weggesprengt werden. Sein ganzes Vertrauen hatte er in den »Antichrist« gesetzt. Diese Schrift sollte in Millionen Exemplaren in allen Sprachen verbreitet werden. Dann würden die Heeresorganisationen, von anständigen Offizieren geleitet, zu ihm übergehen, die jüdischen Bankiers mit ihrem alten Groll auf das Christentum würden die Umwälzung finanzieren.

Es kam bekanntlich anders. Am 10. Januar 1889 wurde Friedrich Nietzsche als Patient in die Nervenheilanstalt des Professors Wille bei Basel eingeliefert. Es gab gelegentliche Tobsuchtsanfälle und oft hochgradige Erregung, aber im ganzen fand der Patient sich ab, vielleicht froh, daß er nicht mehr für sich sorgen und für die Menschen denken mußte. Niemand zweifelte an seinem Wahnsinn. Er selbst wurde bald auch aus der Einsiedlerrolle in den Märtyrerruhm überführt. Eine bessere Werbung für sein Werk und seine Ideen hätte sich kein Verlag einfallen lassen können. Der Weltruhm, den er unter die Füße treten wollte, kam überwältigend. Seine Lehre siegte und wurde schleunigst mißverstanden.

9. Kapitel

Alle Wege führen zum Wahn

Was war er? Wer war er? Diese Fragen sind am Ende des Buches noch schwerer zu beantworten als an seinem Anfang.

Erstaunlich ist, bei allem Schwanken in ihm und über ihn, die Zielstrebigkeit seiner Existenz. Noch einmal ist der Aufsatz des Siebzehnjährigen, »Fatum und Geschichte«, zu zitieren, der alle späteren Entwicklungen wie vorgeprägt enthält. Da steht, von Zweifeln am Bestehenden hervorgerufen, ein Lebensplan: das »real existierende« Christentum zu zerstören, etwas Neues an seine Stelle zu setzen. Das ist zwar mit anderen Zweifeln versehen, ob etwas derart Großes gelingen könne; auch schmerzen alte Anhänglichkeiten, und die Einsicht drückt, daß da ein ganzes Leben eingesetzt werden muß. Aber der Plan ist gefaßt, und nach ihm läuft sein Leben ab: Der »unbekannte Gott« seiner Pubertätszeit bekommt den Namen Dionysos, die Streitschriften und Aphorismenbücher unterminieren die herrschende christlich-bürgerliche Moral. Sein Hauptwerk, »Also sprach Zarathustra«, ist ausdrücklich das Evangelium einer neuen Ethik, die den Übermenschen predigt. Das Leben in seiner Fülle und Vielfalt, in Nietzsches letzter Botschaft auch verbunden mit seiner zyklischen Wiederkehr, ersetzt den alten Gott, dem der Totenschein ausgestellt wird.

Man kann dieser ein-seitigen, nämlich auf einer Seite unterzubringenden Biographie eine ganz andere gegenüberstellen: die landläufige, in der er als Philosoph unter Philosophen auftritt, in einer Reihe, die im alten Griechenland beginnt und mit ihm keineswegs ihr Ende findet. Seine Nachbarn heißen dann nicht Darwin, Marx und Freud, sondern Schopenhauer und Heidegger, und obwohl er alle Systematik haßte und überwinden wollte, erschließt die Nachwelt über sein Philosophieren hinaus sein System. Auch diese Laufbahn ist in »Fatum und Geschichte« vorgebildet. Die bisherige Philosophie, so schreibt der Knabe kühn, erscheint ihm als babylonischer Turm, gewaltig geplant, aber ins Blaue hinein. Erst wenn man »aus Naturwissenschaft und Geschichte ein System des Reellen« herstellt, wenn Naturwissenschaft und Philosophie geeinigt sind, ist Hoffnung auf eine weitere »Menschheitsentwicklung«.

Auch daraus erwächst ein konsequentes Lebensprogramm: Die Geschichte muß umgeschrieben, die Naturwissenschaften müssen, koste es auch viele Jahre, gründlich studiert werden (ein Vorsatz, der nur sehr sporadisch eingehalten wird). Philosophie ist kein Fach neben anderen, sondern ihrer aller Untergrund. In diesem Sinne eines Philosophierens dicht an der Wirklichkeit entlang, mit tiefer Skepsis gegenüber den Selbstbeschränkungen der Wissenschaften, wird Nietzsche Philosoph. Logischerweise bleibt die Metaphysik, als überwunden, beiseite, und wie die frühen griechischen Philosophen strebt er nach unmittelbarer Nutzanwendung für das Leben.

Der philosophierende Nietzsche, dieser unablässig Grübelnde, Aufmerkende, Schlüsse Ziehende, Notierende und das Notierte Neudurchdenkende, dem keine Philosophieprofessur Genüge täte, wird dabei immer mißtrauischer gegen alle Wahrheitsansprüche und ihre Formulierungen, zuletzt gegen die Aussagekraft der Sprache selbst. So wird er der Vorläufer moderner skeptischer Sprachphilosophie. Alle Wahrheiten werden, ebenso wie alle Wertsetzungen älterer Zeiten, relativiert; sie werden, mit seinem Wort, »perspektivisch«.

Indem er selbst sich im Perspektivischen übt, ergreift der Zweifel auch die letzte Gewißheit, die der eigenen Identität. Das Hineinversetzen wird aus experimenteller Praxis zur Lust, zur Sucht. Was zum erstenmal Nietzsches Lehrer Ritschl aus Anlaß der »Geburt der Tragödie« notierte, »Größenwahn«, ist auch ein solcher experimentierender Rollenwechsel, in diesem Falle in den »dionysischen Menschen«. Daß er in der Kühnheit und Gelockertheit des Denkens den Zeitgenossen voraus war, brachte ihm Isolierung ein, die er mit der Einsiedlerrolle quittierte, und verschaffte zugleich seinen alten Auserwähltheitsträumereien neuen Kredit. So wuchsen sein Philosophieren und sein Religionsstiftertum am Ende zusammen. Geopfert wurde in der Periode, die man die seiner *Enthemmung* nennen könnte, die Philosophie.

Eine dritte Lesart, von der ich glaube, daß sie das vielschichtige Phänomen von Nietzsches Person am besten packt, kann ebenfalls an das Frühwerk »Fatum und Geschichte« anknüpfen. Die Stelle sei hier noch einmal zitiert. Sobald es möglich wäre, schreibt der Junge, der noch kein junger Mann ist, die ganze Weltvergangenheit, also die Geschichte als abgewickelten Prozeß, umzustürzen, »träten wir in die Reihe unabhängiger Götter, und Weltgeschichte hieße dann nichts als ein träumerisches Selbstentrücktsein; der Vorhang fällt, und der Mensch findet sich wieder, wie ein Kind mit Welten spielend, wie ein Kind, das beim Morgenglühn aufwacht und sich lachend die furchtbaren Träume von der Stirn streicht«.

Der das mit siebzehn schreibt, ist ein Dichter. Er weiß wahrhaftig nicht, wie man die Weltgeschichte umstürzt, aber er faßt den Vorgang dieses Umsturzes in das wunderbarste Bild: Das war alles nur ein wüster Traum, denkt das Kind beim morgendlichen Erwachen, und es kann nun mit den umgestürzten Welten wie mit Bauklötzen spielen. Das ist das fiktive, das »gespielte« Weltregiment. So, als spielendes Kind und erfindender Dichter, springt Nietzsche am Schluß mit der Weltgeschichte um und ergreift das Steuer der Weltpolitik. Spielend, und es macht ihm nichts aus, im nächsten Augenblick die Rolle zu wechseln, Dionysos zu werden oder Student oder Hanswurst.

Er weiß schon ganz früh, daß sein stärkster Trieb, sein eigentlicher Antrieb ein künstlerischer ist. Sein Ein und Alles ist die Phantasie, seine erste Lieblingsbeschäftigung das Phantasieren auf dem Klavier. Da kommt er sich wie ein Schöpfer vor, am meisten, wenn es draußen donnert und blitzt. Er produziert in den frühen Jahren zwar auch Poetisches, aber das bleibt Fingerübung, konventionell, und als Student beschließt er, nicht mehr zu dichten, aber weiter Musik zu treiben, als unschuldige Wollust. Daran hält er verzweifelt fest, in närrischer Konkurrenz zu Wagner, dem Großkomponisten schlechthin.

Was er dann, von den frühen Kampfschriften an, entdeckt, ist seine literarische Begabung für die Prosa. Das Schreiben macht ihm immer mehr Spaß, er meistert die Attacke, er gewinnt Sicherheit in Darstellung und Analyse. Schopenhauer lobt er nicht als Philosophen, sondern als Schriftsteller. Nur daß die Form des Aphorismus, dieser Prosaform, die so kurz und dicht ist wie ein Gedicht, ihm keine Anerkennung in der Öffentlichkeit, vom literarischen Ruhm ganz zu schweigen, einbringt.

Um sich selbst zu überbieten, wagt er sich an ein großes Werk, das an einen fiktiven Sprecher gebunden ist, der ehrwürdiger, ehrfurchtgebietender, weiser erscheint als der Autor: Zarathustra. Er gibt sich alle Mühe, das Zarathustra-Buch als Frucht einer überwältigenden Inspiration darzustellen, bei der Kunst und Religion, Schöpfung und Erweckung ineinanderfließen. Aber die Mischung ist nicht ganz glücklich: Der Weise steht dem dionysischen Dichter im Weg, die Bibel, die parodiert und überboten werden soll, gibt zu oft den Ton an, Tanz und Lachen, gepredigt, verlieren ihre Würze und Überzeugungskraft.

Nietzsche-Zarathustra muß sich ein letztes Mal selber überbieten. Das geschieht mit einer Rückkehr zur Poesie und mit dem Abwerfen der alten braven Formen zugunsten der dionysischen Formlosigkeit des Dithyrambus. Es gelingen ihm auf Anhieb großartige Dinge, phantastische Selbstdarstellungen wie »Nur Narr! Nur Dichter!« und »Ruhm und Ewigkeit«, wie das Klagelied der Ariadne und das Tanzlied an den Mistral oder ein Erotikon, halb sinnlich, halb ironisch, wie das »Wüstentöchterlied«.

Soviel im »Zarathustra« vom Fliegen, Tanzen und Lachen die Rede ist, hier erst, in den Liedern seiner Spätzeit, die er zum Teil in den »Zarathustra« hineinschmuggelte, hat er das Fliegen, Tanzen und Lachen gelernt. Hier ist er ganz frei, hier kann er mit den Elementen spielen, oft so halsbrecherisch, daß die Zeitgenossen darin schon Vorankündigungen des Wahnsinns erblickten. Nietzsche sei manchmal nicht mehr Herr seiner Feder, hat Podach konstatiert, der die letzten Werke summarisch zu »Werken des Zusammenbruchs« deklarierte, und der Philosoph Giorgio Colli, der mit seinem Schüler Mazzino Montinari die Gesamtausgabe von Nietzsches Werken und Briefen in die Wege leitete, fand die Form der Dithyramben »ausgefranst«. Der vielgerühmte klassische Philologe Karl Reinhardt legte in seinem Vortrag »Nietzsches Klage der Ariadne« (1936) großen Wert auf die Feststellung, daß kein einziger der Dithyramben aus Nietzsches letzten Jahren stamme, also nicht mit den »irren Zetteln des bereits Umnachteten« verwechselt werden dürfe.

Die »irren Zettel« wird man so, wie es hier geschehen ist, künftig in seine letzten Werke einreihen; sie sind Dokumente der Verirrung und Verwirrung, aber so wenig »umnachtet« wie die Dithyramben, vielmehr, wie Max Kommerell es in bezug auf die Dithyramben formuliert hat, »mit ausgehängtem Willen« geschrieben, von einem Autor, »der sich dichterisch gehen läßt«. Ja, die alte feste vorgegebene Form ist aufgegeben, deren letztes glänzendes Beispiel das Mistral-Lied war. Ja, der Dichter läßt sich gehen, weil er seiner Freiheit vertrauen kann. Zuviel Wiederholungen, zuviel Superlative werden ihm angekreidet, mit Recht, wenn man einem Vulkan mit Recht vorwirft, daß er zuviel Lava ausspuckt. Der Dichter ist enthemmt, aber er bleibt ein Meister der Form, nur daß es diesmal eine fließende und sich ergießende ist, ohne den Zwang des Reims, aber mit allen Raffinessen der Dialektik und allen Kunststücken der Klangwirkungen und des Rhythmus.

Auch die Kommentatoren haben wahre Kunststücke des Scharfsinns zustande gebracht, um den ungereimten Übermut der Dithyramben ins Vernünftige zurückzuübersetzen. Viel Kopfzerbrechen hat zum Beispiel verursacht, daß die Klage der Ariadne zunächst, im vierten Teil des »Zarathustra«, dem Zauberer, einem Mann also, in den Mund gelegt war und sich für die Dithyramben einer Geschlechtsumwandlung unterziehen mußte. Aber wie, wenn die so extrem »weibliche« Klage der Ariadne als solche konzipiert, für den vierten Teil des »Zarathustra« aus Zensurbedenken in eine Männerrolle umgeschrieben und für die Dithyramben in ihren ursprünglichen Zustand zurückversetzt worden wäre?

Wie dem auch sei, man muß bei Nietzsche auf alle denkbaren Tricks, Künste und Tücken gefaßt sein, denn er ist ja nicht nur Dichter, sondern auch Narr. Seine hochfliegende Laufbahn beendet er als »göttlicher Hanswurst«. Die Epiphanie des Gottes in der »Klage der Ariadne«, durch einen Blitz angekündigt, sich in »smaragdener Schönheit« vollziehend, endet mit einem Auftritt des Gottes, für den Wolfram Groddeck den Ausdruck »operettenhaft« nicht gescheut hat. Dionysos hat nichts Eiligeres zu tun, als Ariadne ein Kompliment wegen ihrer kleinen Ohren zu machen (das haben der Gott und seine Geliebte mit Nietzsche gemeinsam). Dann fragt er: »Muß man sich nicht erst hassen, wenn man sich lieben soll?« (was Ariadne unbeantwortet läßt), um dann nur noch das Rätselwort anzuhängen: »Ich bin dein Labyrinth ...« (was unter Umständen sogar eine Anspielung auf den so genannten Teil des Gehörganges sein kann).

Dem Pathos der Weltherrschaft und Göttlichkeit arbeitete er so, angeblich größenwahnsinnig, entgegen, in Wirklichkeit alle Rollen durchprobierend, neugierig, wie es sich anfühle, Zeus und Dionysos zu sein, nie aber ganz in eine Rolle hineinwachsend. Wir müssen deshalb – neben Prophet, Philosoph, Dichter – den Narren, Kobold, Dämon, Hanswurst als die vierte Rolle buchen, den Spaßmacher und Possenreißer, den Ironiker, der kein Pathos ungestraft ließ, auch das Kind, das im »Zarathustra« als Leitfigur beschworen wird und dessen Unschuld man sich beileibe nicht zu idyllisch vorstellen darf. Schon das Kind in

»Fatum und Geschichte« spielt ja lachend mit den Welten, wirft sie gehörig durcheinander. Jeder von den Typen, die Nietzsche ohne besondere Anstrengung, seinen vielfältigen Anlagen gehorchend, darstellt, redet dem anderen drein, durchkreuzt dessen Absichten, macht ihm eine lange Nase. Wer sich auf ihn einläßt, erleidet Wechselbäder von Liebenswürdigkeit und Sarkasmus, von gutmütiger Zustimmung und schroffer Absage. Er selbst, wie könnte es anders sein, ist das Opfer seiner barokken und bizarren Natur, und der Wahnsinn setzt endlich frei, was in ihm gärte, wogte und gegeneinander stritt: vielfältiges Händeschütteln und Tobsuchtsanfälle, komplimentöses Reden auf Französisch oder Italienisch und Schreikrämpfe, Verneigungen und Sich-die-Kleider-vom-Leibe-Reißen, Satyrsprünge und affektiertes Stolzieren.

Wie sich das alles mischt und durchdringt, belegen vor allem die Briefe. Einer, im letzten Jahr seines wachen Lebens, ein halbes Jahr vor dem Ende, als Entwurf für Overbeck geschrieben, mag ein Beispiel dafür sein.

Lieber Freund
ich schreibe Dir noch ein paar Worte, doch ganz für uns, ganz *unter* uns. Die Schwierigkeit, in der ich lebe, ist außerordentlich. Doch liegt sie nicht dort, wo Du und andere Freunde sie suchen. Ich weiß kaum, sie begreiflich zu machen. Aber seit der Zeit, wo ich meinen Zarathustra auf dem Gewissen habe, bin ich wie ein Tier, das auf eine unbeschreibliche Weise fortwährend *verwundet* wird. Diese Wunde besteht darin, keine Antwort, keinen Hauch von Antwort gehört zu haben. Dies Buch steht so abseits, ich möchte sagen *jenseits* aller Bücher, daß es eine vollkommene Qual ist, es geschaffen zu haben – es stellt seinen Schöpfer ebenso abseits, ebenso jenseits. Ich wehre mich gegen eine Art Schlinge, die mich erwürgen will – das ist die Vereinsamung. – Ich verstehe es andererseits aus aller Tiefe, warum mir niemand ein Wort sagen kann, das mich noch *erreicht* ... Die Moral ist: Man

> kann daran zugrunde gehen, etwas Unsterbliches gemacht zu haben: man büßt es hinterdrein in jedem Augenblick ab.

Nach zehn weiteren Klagezeilen setzt die Gegenwehr, der Umschlag ein:

> Ich wehre mich, wie Du Dir denken kannst, mit viel Erfindsamkeit gegen diesen Exzeß des Gefühls. Meine letzten Bücher (es sind vor allem die Streitschriften gegen Wagner) gehören dahin; sie sind leidenschaftlicher als alles, was ich sonst gemacht habe. Die Leidenschaft *betäubt.* Sie tut mir wohl, sie macht mich ein wenig vergessen ... Ich bin außerdem Artist genug, um einen Zustand festhalten zu können, bis er Form, bis er Gestalt wird. Ich habe, mit Willkür, mir jene Typen erfunden, die in ihrer Verwegenheit mir Vergnügen machen, z. B. den »Immoralisten« – einen bisher unerhörten Typus. Jetzt eben wird ein kleines Pamphlet musikalischer Natur gedruckt, das von der heitersten Laune eingegeben scheint: auch die Heiterkeit betäubt. Sie tut mir wohl, sie macht vergessen ... Ich lache wirklich sehr viel bei solchen Erzeugnissen –
>
> Die Schwierigkeit, eine Distraktion zu finden, die stark genug sei, wird immer größer. Ich bin mitunter auf eine unbeschreibliche Weise melancholisch.

Gewaltig ist die Spannweite der Gefühle, gewaltig auch immer noch die Arbeitskraft. In der dritten Septemberwoche 1888, vor der Abreise von Sils nach Turin, schreibt der Einsame mehr als ein Dutzend Briefe, an Overbeck und an die Mutter über drei Druckseiten lang. Die langen Briefe plaudern von dem und jenem, die Stimmung bessert sich, die euphorischen Herbsttage von Turin beginnen. Gesundheit und Geduld werden konstatiert, das Essen ist von unüberbietbarer Güte, die Mutter kocht Zentner Pflaumenmus, und der Sohn findet, daß Mus den Kopf und auch den Leib freihält. Er wandelt in einem leichten Paletot, der mit blauer Seide gefüttert ist, ganz *comme il faut.*

Köselitz bekommt den Kopf gewaschen, weil er die Operette immer noch für vulgär hält, was für ein schauderhafter deutscher Irrtum! »Fragen Sie doch, wie Monsieur Audran die Operette definiert: ›das Paradies aller delikaten und raffinierten Dinge‹, die sublimen Süßigkeiten eingerechnet.« Er hat neulich »Mascotte« gesehen, »ohne einen einzigen Takt Wienerei = Schweinerei«. Wegen solcher Lobpreisungen habe ich das letzte Kapitel meiner Nietzsche-Biographie mit »Turiner Himmelfahrt« überschrieben.

Der Absturz war furchtbar. Der Kranke, so wird berichtet, aß mit ungeheurem Appetit und verlangte immer noch nach mehr. Auch Frauenzimmer brauchte er in Menge. Er gibt sich noch fein, redet gern Italienisch oder Französisch, aber er wirft sich auch auf den Boden, schreit, ist hocherregt und muß mit Brom ruhig gestellt werden. Endlich, nach qualvoller Zeit in zwei Anstalten, landet er bei der Mutter in Naumburg, und sieben Jahre, bis zu ihrem Tod, ist er wieder das Kind. Über die Zeit bei der Mutter wissen wir Bescheid, sie berichtet regelmäßig an Overbeck. Sie geht endlos mit ihm spazieren, liest ihm endlos vor, ist fürsorglich und aufopfernd, eine gute Christin, aber bei den Anstalten hat es nur für die zweite Klasse gereicht.

Die Schwester hat das Geschäft mit seinen Werken in die Hand genommen. Sie kann nicht geradezu durchstreichen, was er alles Ketzerisches geschrieben hat (das wirft ja auch die Tantiemen ab), aber sie versucht doch, ihn als heiligen Asketen zu stilisieren. Sie tilgt, was nicht in dieses Bild paßt. Sie will, daß er zu ihr honigsüß gewesen sei, und nach der Übersiedlung in die Weimarer Villa Silberblick, als er schon fast ganz erloschen ist, schwärmt sie, daß seine Dankbarkeit ihr gegenüber »wahrhaft rührend« war. »Wieviel Worte des Lobes fand er ..., wieviel tröstende Worte, wenn er mich traurig sah.« Die Mutter hat dankenswerterweise seine hilflos stammelnden Worte aufgezeichnet: »Aber ich war ausgezeichnet, meine Mutter war ganz fein weil sie mich sehr liebt pour le mérite. Ich habe Ungarwein getrunken. Tausend Menschen gezählt ... Kein

Mensch übrig. Alumnen gute Menschen, Adjunkten sehr geliebt ... Ich bin darin ganz elegant ... Ich habe niemand geliebt nicht einmal einen Menschen.«

Während die Mutter Besucher abgewiesen hat, auch wenn sie sich als glühende Verehrer vorstellten, läßt die Tochter sie Revue passieren. Rudolf Steiner zieht alle Register: »Und so stand vor meiner Seele: Nietzsches Seele wie schwebend über seinem Haupte, unbegrenzt schön in ihrem Geisteslichte; frei hingegeben geistigen Welten, die sie vor der Umnachtung ersehnt, aber nicht gefunden ...« Harry Graf Kessler berichtet, was er gesehen hat: »Die Stirn ist ganz kolossal; das mähnenartige Haar noch dunkelbraun; und ebenso der struppige, wulstige Schnurrbart; unter den Augen sind breite, schwarzbraune Ränder tief in die Wangen eingesunken; man erkennt noch im matten, schlaffen Gesicht einige tiefe, vom Denken und Wollen eingegrabene Falten ... Im Ausdruck liegt eine unendliche Müdigkeit. Die Hände sind wie Wachs grünlich violett geädert, und etwas geschwollen, wie bei einer Leiche ... So glich er nicht einem Kranken oder einem Wahnsinnigen, sondern eher einem Toten.«

Das letzte Wort aber soll die Mutter haben, die Sture und Beschränkte, die Feste und Treue, weil in ihrem Bericht an Overbeck vom 27. März 1896 jenes Wort »wild« vorkommt, das unserem Versuch über einen Aspekt von Nietzsches Leben und Werk den Titel gegeben hat: »Exzellenz von Beeren erzählte mir, Binswanger (Nietzsches Jenaer Arzt) habe hier zu jemand gesagt ..., die Liebe der Mutter hat bei Professor Nietzsche der Krankheit die Spitze abgebrochen, welcher Ausspruch mich recht erfreut. Ich denke auch das viele Spazierengehen die ersten Jahre seiner Krankheit, hat das ›Wildsein‹, welches sonst bei einem derartigen Leiden so besonders auftrete, gemildert und der Krankheit die Kraft genommen.«

Gegen diese Mutter und ihre Naumburger Tugend, an der als einziger er sein Leben lang hing, hat er den Großen Aufstand geprobt. Ihn darzustellen, war die Zielsetzung meines Buches, das unzulänglich bleibt gegenüber der labyrinthischen Verzweigung seines Denkens und gegenüber der beispiellosen Vertracktheit seiner Person. Thomas Mann hat sich in seinem Doktor-Faustus-Roman an einer ähnlichen Figur versucht. Aber nur William Shakespeare hätte das Stück »Friedrich Nietzsche« schreiben können.

La semaine dramatique★

Renaissance: *Isoline*, conte de fées en trois actes et dix tableaux, paroles de M. Catulle Mendès, musique de M. André Messager. – Porte-Saint-Martin: *le Chevalier de Maison-Rouge,* drame en dix tableaux, d'Alexandre Dumas et Auguste Maquet.

Il s'est passé, cette semaine, un fait inouï, invraisemblable, d'une nouveauté insolente. Un théâtre, qui n'est ni l'Odéon ni le Théâtre-Libre, nous a montré quelque chose de plus hardi et de plus rare que les *Rolande et les Germinie*. Quoi donc? Une féerie sans roi gâteux, ni jeune prince idiot, ni chambellan grotesque; un conte de fées écrit par un poète voluptueux et savant.

Ce poète, c'est M. Catulle Mendès. J'ai déjà dit, ici même, combien il me paraissait original. Certes, les stoiques et les chrétiens, s'il en est encore, doivent le considérer avec un peu de scandale et d'étonnement; et j'avoue moi-même qu'il y a de l'inquiétude et presque des remords dans la sympathie que m'inspire cet équivoque et somptueux magicien de lettres. Mais qu'il est charmant! qu'il est plein de séductions et de caresses! *Legentibus lenocinatur*; je suis obligé de parler latin pour exprimer exactement le genre de plaisir qu'il nous fait. Il a, dans ses vers et dans sa prose, je ne sais quoi qui ressemble aux artifices d'un bel esclave d'Asie ou d'une courtisane de Corinthe. Il est, je crois, le seul homme de nos jours à qui il ait été donné d'être un poète érotique, à la façon de Tibulle ou d'Ovide, de Jean Second, de Gentil-Bernard ou de Parny: et, comme il était le dernier venu, il a apporté dans cette douce tâche, aujourd'hui quelque peu paradoxale, une souplesse et une richesse de forme, et des raffinemens de sensualité, ou mieux, pour parler comme Milton, de »pudeur impudique«, que ses maîtres n'avaient point connus. Et c'est ainsi que, voulant écrire un conte de fées et s'étant inspiré d'abord d'une fantaisie de Shakespeare, il a su mêler, je ne sais comment, au

★ Zum Inhalt dieses Dokuments siehe Kapitel 8 (S. 155)

chaste enfantillage d'un songe du Nord une volupté latine, ou plutôt lydienne ou phrygienne, qui en font quelque chose d'extrêmement savoureux, et d'âcre et d'innocent à la fois ...

L'Embarquement pour Cythère sert de prologue. Des amoureux, par couples, montent sur la galère. Puis, c'est Daphnis et Chloé; puis, les deux formes extrêmes, mais également alliciantes, de la Grâce féminine: la Courtisane et la Pensionnaire; »l'une extravagante et jolie, avec toutes les couleurs et tous les rubans«; l'autre »en habit presque monacal, un peu joufflue, l'air dévot, avec des yeux endiablés«. Et la première, »la belle fille«, chante ceci à ses amoureux:

Pour amuser vos fièvres
  Sans lendemain,
J'ai le cœur sur la main,
Dans les yeux, sur les lèvres.

Et vous l'y pouvez prendre
  A tout moment,
Damis, mon doux amant,
Mon doux amant Clitandre.

Cœlio peut, s'il l'ose,
  Chercher à voir,
Que j'ai mon corset noir
Doublé de satin rose ... etc.

Et la pensionnaire chante à son tour:

Pour cette île extraordinaire
Je voudrais bien partir aussi;
Je suis une pensionnaire
D'un couvent pas très loin d'ici.

Malgré la clôture et la grille
Et le dortoir, hélas! si froid,
Je sais déjà, petite fille,
Bien plus de choses qu'on ne croit;

Car, à travers les vitres closes,
J'ai vu frémir, couples unis,
Des papillons parmi les roses,
Des mésanges au bord des nids ... etc.

Et enfin, pour abréger (je saute à regret par-dessus des strophes fleuries, pareilles à des buissons de roses qui auraient un peu des propriétés de ceux d'écrevisses), voici venir la petite princesse Isoline et le beau jeune chasseur Isolin. Ils se voient, ils s'aiment; et tout à coup le beau chasseur:

Les œillets incarnadins
  Des jardins
Et les pâles azalées,
La jacinthe et le lys d'or,
  Ce trésor
Des fleurissantes vallées,

La pervenche et les lilas
  N'avaient pas
Charmé mon regard morose;
Jardins! sentiers des forêts!
  Vallons frais!
Il vous manquait une rose!

Et la petite princesse répond:

Sous le frémissant abri
  De ses jeunes feuilles,
  La rose a fleuri
  Pour que tu la cueilles.

Et tous deux, enlacés, »suivent le monde« dans le joli bateau de fleurs ...

Mais tout cela n'est qu'un rêve, »le rêve d'Isoline«. Au second tableau, nous retrouvons la pauvre petite princesse sévèrement gardée à vue, dans une tour par un bataillon de duègnes semblables à des corneilles sinistres. Sa mère, la reine Amalasonthe et sa marraine, la fée Titania, ne veulent point qu'elle se marie. Pourquoi? C'est qu'Obéron, toujours brouillé avec la fée (voir *le Songe d'une Nuit d'été*) et voulant se venger de Titania sur sa filleule, a juré que »le jour où Isoline se marierait, au moment où le jeune époux s'approcherait d'elle pour cueillir l'ineffable fleur virginale du premier baiser, la mariée serait changée en garçon«. Et c'est pourquoi Obéron déclare:

    Par ma royale javeline
    Et mon diadème guerrier,
Avant peu l'on verra la princesse Isoline
        Se marier.

Et Titania:

    Par mon char fait d'une aveline
    Et mon sceptre fait d'un laurier
Jamais on ne verra la princesse Isoline
        Se marier.

La lutte du Sylphe illustre et de l'immortelle Fée, tel est donc le fond du petit drame. Les épisodes en sont délicieux. Je vous en dirai quelques-uns.

Isoline est seulette dans sa chambre de recluse. Soudain un in-folio de dimension surnaturelle apparaît au fond de la scène. Ce livre est intitulé: *la Vérité sur le mariage*. »Tourne les pages«, dit la voix de Titania. Et les pages sont des tableaux vivans qui représentent une pauvre femme remuant des ragoûts dans des casserolles pendant que son mari se goberge; puis agenouillée à ses pieds et lui tirant ses bottes. Le livre refermé: »Tourne les pages«, dit à son tour Obéron; et les feuillets représentent deux amoureux enlacés qui se dirigent vers une grotte; puis, dans la grotte fleurie de roses, l'amante renversée sur les genoux de l'amant ... L'amant ressemble à Isolin ... Son image remue et s'anime ... C'est Isolin lui-même: il se détache du magique in-folio comme un portrait qui sortirait de son cadre ... Le château s'écroule, et Isolin et Isoline s'évadent sur une Chimère d'or et de neige ...

Ils arrivent dans un pays où se lamentent douze belles filles blondes, car c'est »le pays sans miroirs«. Elles sont vêtues de clairs maillots plus éloquens que la nudité même; et, pour marquer leur douleur, elles portent là-dessus des chemises de tulle noir relevées de rubans violets et exécutent des pas languissans dont le rythme fait apparaître et disparaître les blancheurs en détresse sous les gazes désolées ... C'est navrant, voyez-vous! Et pourtant le public paraît prendre un vif intérêt à cette mouvante exposition de »blanc et noir«.

... Cependant la fée Titania, déguisée en vieille mendiante, s'approche d'Isoline: »Ah! ma pauvre enfant, que vous êtes laide!« s'écrie-t-elle; et elle la détaille, et elle accolle au nez, aux yeux, à la bouche et aux oreilles de la pauvre petite des épithètes désobligeantes. D'abord Isoline ne fait qu'en rire; mais la vieille insiste tellement qu'Isoline finit par être inquiète ... Bref, quand Isolin lui propose de la conduire à la chapelle de Cypris, où vit un ermite bienveillant qui les mariera, Isoline croit qu'il se moque ou qu'il a pitié d'elle; et comme ces deux pensées la désolent également, elle repousse le jeune prince. Isolin, désespéré, veut mourir et tire son poignard ... O surprise! o joie! La lame est si brillante qu'elle peut servir de miroir; Isoline, y voyant ses traits réfléchis, est tout de suite rassurée, et elle éclate en trilles, vocalises et autres fusées musicales.

Jolie, ah! jolie!
Petite lame! bon miroir!
Comme elle est claire! on peut s'y voir!
Je ris et j'oublie
La vieille femme qui mentit!
L'oreille? un œillet, trop petit!
Jolie, ah! jolie!

Dès lors, Isoline ne se réfuse plus. A ce moment, un rocher se transforme en chapelle. C'est la chapelle de Cypris, aménagée comme un boudoir. Les *ex voto* sont des miroirs, des houppes à poudre, des flacons vides de Lait Mamilla; et je me demande ce que sont les bénitiers. Obéron, en prêtre de Vénus, vêtu de rouge cardinalice et assisté de quatre enfans de chœur purpurins, consacre l'union d'Isolin et d'Isoline »au nom de Cypris, de son fils et de la Colombe«. Je vous donne tout cela pour gracieux, non pour ingénu. Cela ressemble à un sabbat mignard, à une »messe noire« qui serait rose (si j'ose parler un instant la langue de M. Catulle Mendès). M. Edouard Drumont aurait ici beau jeu pour remarquer une fois de plus le caractère proprepremement »déicide« de l'ironie des écrivains sémites dans la littérature contemporaine ...

Et voici revenir les belles jeunes femmes douloureuses de tout à l'heure. Elles sont consolées, ayant retrouvé leurs miroirs, et vêtues, cette fois, de gazes roses lamées d'argent. Et comme elles s'agenouillent pieusement en demi-cercle, et comme elles nous tournent le dos, et comme elles s'inclinent profondément ... tiens ! voilà que je n'ose plus achever ma phrase.

La cérémonie est interrompue par l'irruption de la reine Amalasonthe, de ses duègnes et de ses guerriers ... Je passe sur une scène de réconciliation, suivie d'une nouvelle brouille, entre Obéron et Titania, où la fée apparaît uniquement vêtue de roses blanches et roses (que de roses dans toute cette affaire!), et j'arrive à la scène de la tentation d'Isolin.

Titania, qui veut le rendre infidèle à Isoline, égare le beau jeune homme, casqué et cuirassé, à la façon de Sigurd ou de Lohengrin, dans la forêt de Brocéliande, sous les grands arbres bleuâtres. Là elle dépêche contre lui des Nixes effrontées et douces qui essayent de le détourner de ses devoirs, et lui barrent, de leurs bras en guirlande, les sentiers par ou il veut s'enfuir. Elles l'entourent et l'emprisonnent de leur danse alanguie qui resserre autour de lui ses lents anneaux. Isolin résiste comme un chevalier de Wagner (une scène des *Nibelungen* accommodée à la Fragonard, tel est ce ballet). Et alors les petites danseuses se désespèrent; elles se trouvent tout à coup pendues aux arbres de la forêt. Et rien n'est d'une grâce plus imprévue que l'éclosion subite, parmi les feuillages, de ces délicieuses victimes d'amour que leurs jupes de gaze pareilles à des corolles renversées et leurs jambes fuselées comme des pistils font ressembler à des fleurs surnaturelles pendant aux branches du bois magique ...

Rien ne saurait plus empêcher le mariage d'Isolin et d'Isoline. Ils sont seuls dans la chambre nuptiale, elle, en robe de satin blanc, lui, en pourpoint de satin rose, et ils se murmurent de douces paroles. Obéron tient donc sa vengeance. Au moment où les lèvres d'Isolin s'approchent de la bouche d'Isoline, la nuit se fait sur la scène et . . . pan! Isoline, changée en garçon, reparaît en pourpoint de satin rose. Mais l'ingénieuse Titania a paré le coup et . . . pan! dans la même seconde, Isolin, changée en fille, reparaît en robe de satin blanc. Cela arrange tout, comme vous voyez. Mais, c'est égal, s'ils n'ont point changé d'âme en même temps que de sexe, on peut prévoir d'étranges malentendus. (Au fait, ne croyez – vous pas que ces malentendus peuvent se rencontrer, d'aventure, dans la réalité, et qu'il y aurait la matière à quelque joli conte philosophique?)

Telle est cette féerie, parfumée, vanillée, enrubannée, fleurie, adonisée; conte de fées pour les grandes personnes; divertissement salutaire pour les hommes mûrs et les vieillards; dont la saveur rappelle ce que Richepin, dans *les Caresses*, dit de ces baisers

Qui sentent la dragée
Avec je ne sais quoi d'une épice enragée.

Et la musique? Il m'a semblé qu'elle était en parfaite harmonie avec le poème, qu'elle en exprimait merveilleusement toute la sensualité secrète, qu'elle était fine, délicate, dentelée, perlée . . . Mais je sens trop mon incompétence sur ce point et je vous renvoie à mon illustre confrère, M. Ernest Reyer.

Mlle Aussourd est jeune et jolie et chante bien – quelquefois. La voix est meilleure dans le chant que dans le dialogue, et dans les notes élevées que dans le *médium*. Mlle Nixau est un prince Charmant de proportions un peu bien imposantes à mon gré. Mlle Theven, en page, a exactement la tête des petites femmes que le bon Willette dessine chaque semaine dans le *Pierrot*, Mme France (la reine Amalasonthe) est fort comique. Le reste de l'interprétation est agréable.

Bibliographie

Vorbemerkung

Einen Überblick über die Geschichte der Nietzsche-Editionen habe ich in meiner Nietzsche-Biographie »Der ängstliche Adler«, S. 798ff. gegeben. Hier sind nur die neuesten, umfassendsten und zuverlässigsten Editionen aufgeführt, die Gesamtausgabe der Werke und die der Briefe von und an Nietzsche, die von Giorgio Colli und Mazzino Montinari 1967 und 1975 begonnen wurden. Die kritische *Studien*ausgabe entspricht der großen Gesamtausgabe (ohne Nachberichte) und der Briefedition ohne die Briefe *an* Nietzsche. Die Colli-Montinari-Ausgabe enthält noch nicht die Jugendschriften. Für sie muß auf die Historisch-kritische Gesamtausgabe von 1934 zurückgegriffen werden. Podachs »Nietzsches Werke des Zusammenbruchs« bleiben wegen ihres Kommentars wichtig.

Was den musikalischen Nachlaß angeht, treten zu der sehr sorgfältig kommentierten Ausgabe von Jantz inzwischen immer mehr Wiedergaben auf Platten und Kassetten.

1. Editionen

Friedrich Nietzsche: Werke. Kritische Gesamtausgabe. Begründet von Giorgio Colli und Mazzino Montinari, fortgeführt von Wolfgang Müller-Lauter und Karl Pestalozzi. 8 Abteilungen, 25 Bde. Berlin/New York 1967ff.

Friedrich Nietzsche: Briefwechsel. Kritische Gesamtausgabe. Begründet von Giorgio Colli und Mazzino Montinari, fortgeführt von Norbert Miller und Annemarie Piper. 3 Abteilungen, 17 Bde. Berlin/New York 1975ff.

Friedrich Nietzsche: Werke und Briefe. Historisch-kritische Gesamtausgabe. München 1934ff. Bd. 1: Jugendschriften 1854–1861; Bd. 2: Jugendschriften 1861–1864, herausgegeben von Joachim Mette. Neudruck bei den Verlagen Beck und dtv (München) 1994.

Friedrich Nietzsche: Sämtliche Werke. Kritische Studienausgabe in 15 Bänden. München 1980.

Friedrich Nietzsche: Sämtliche Briefe. Kritische Studienausgabe in 8 Bänden. München 1986.

Friedrich Nietzsche: Über die Frauen. Herausgegeben und kommentiert von Klaus Goch. Frankfurt 1992.

Friedrich Nietzsche: Der musikalische Nachlaß. Herausgegeben von Curt Paul Jantz. Basel 1976.

Erich F. Podach: Nietzsches Werke des Zusammenbruchs. Heidelberg 1961.

2. Leben, Werk, Wirkung

Lou Andreas-Salomé: Lebensrückblick. Frankfurt 1974.

Lou Andreas-Salomé: Friedrich Nietzsche in seinen Werken. Wien 1894.

Elso Arruda: Patografia de Friedrich Wilhelm Nietzsche. Rio de Janeiro 1985.

Alfred Bäumler: Nietzsche in seinen Briefen und Berichten der Zeitgenossen. Leipzig 1932.

Oswald Georg Bauer: Richard Wagner. Die Bühnenwerke von der Uraufführung bis heute. Frankfurt 1982.

Oswald Georg Bauer: Das Theater der Griechen mit der Seele suchend, in: Peter Andraschke, Edelgard Spaude: Welttheater. 1992.

Roger Bauer: »Décadence« bei Nietzsche. Versuch einer Bestandsaufnahme, in: Literary Theory and Criticism. Festschrift für René Wellek.

Rudolf Berlinger u. a.: Nietzsche kontrovers, I, II. Würzburg 1981.

Ernst Bertram: Friedrich Nietzsche. Versuch einer Mythologie. Berlin 1921.

Ernst Bickel: Friedrich Nietzsche und der Humanismus in Bonn. Bonn 1946.

Eugen Biser: Nietzsches provokatorische Kritik des Christentums. Paderborn 1982.

Eugen Biser: Besieger Gottes und des Nichts. Mit Beiträgen von J. Figl, W. Ross, J. Salaquarda. Düsseldorf 1982.

Beatrix Bludau: Frankreich im Werk Nietzsches. Bonn 1979.

Reiner Bohley: Nietzsches christliche Erziehung. Nietzsche-Studien 16, 1987.

Dieter Borchmeyer: Wagner-Literatur. Eine deutsche Misere. Archiv für Sozialgeschichte der deutschen Literatur, 2. Folge, 3. Sonderheft. Tübingen 1993.

Nicolas Born, Jürgen Manthey, Delf Schmidt: Literaturmagazin 12, Sonderband Nietzsche. Reinbek 1980.

Giorgio Colli: Dopo Nietzsche. Mailand 1974.

Gilles Deleuze: Nietzsche und die Philosophie. München 1976.

Manfred Eger: »Wenn ich Wagnern den Krieg mache«. Der Fall Nietzsche und das Menschliche, Allzumenschliche. Wien 1988.

W. F.: Dionysos, in: Der kleine Pauly – Lexikon der Antike, Bd. 2. München 1979.

Dietrich Fischer-Dieskau: Wagner und Nietzsche. Der Mystagoge und sein Abtrünniger. Stuttgart 1974.

Elisabeth Förster-Nietzsche: Das Nietzsche-Archiv und seine Freunde und Feinde. Berlin 1907.

Elisabeth Förster-Nietzsche: Wagner und Nietzsche. München 1915.

Elisabeth Förster-Nietzsche: Nietzsche und die Frauen seiner Zeit. München 1935.

Ivo Frenzel: Friedrich Nietzsche in Selbstzeugnissen und Bilddokumenten. Reinbek 1966.

Volker Gerhardt: Friedrich Nietzsche. München 1992.

Martin Gregor-Dellin: Richard Wagner. Sein Leben, sein Werk, sein Jahrhundert. München 1984.

Wolfram Groddeck: Friedrich Nietzsches »Dionysos-Dithyramben«. 1. Textgenetische Edition der Vorstufen und Reinschriften. 2. Die Dionysos-Dithyramben. Bedeutung und Entstehung von Nietzsches letztem Werk. Berlin/New York 1991.

Karlfried Gründer (Hrsg.): Der Streit um Nietzsches »Geburt der Tragödie«. Hildesheim 1969.

Eugen Gürster: Nietzsche und die Musik. München 1929.

Alfredo Guzzoni (Hrsg.): 90 Jahre philosophische Nietzsche-Rezeption. Königstein 1979.

Daniel Halévy: Nietzsche. Paris 1977

Friedrich Wilhelm Hamdorf: Dionysos-Bacchus. Kult und Wandlungen des Weingottes. München 1986.

Eckart Heftrich: Nietzsches Philosophie. Frankfurt 1962.

Eckart Heftrich: Die Grenzen der psychologischen Nietzsche-Erklärung. Revue internationale de philosophie 67, 1964.

Erich Heintel u. a.: Il caso Nietzsche. Quaderni del Convegno. Cremona 1973.

Bruno Hillebrand: Nietzsche und die deutsche Literatur. 1. Texte zur Nietzsche-Rezeption von 1873–1963, 2. Forschungsergebnisse. Tübingen 1978.

David Marc Hoffmann: Zur Geschichte des Nietzsche-Archivs. Chronik, Studien und Dokumente. Berlin/New York 1991.
Josef Hofmiller: Friedrich Nietzsche. In: Letzte Versuche. München 1952.

Curt Paul Jantz: Friedrich Nietzsche, Biographie. I. Kindheit und Jugend / Die Basler Jahre; II. Die zehn Jahre des freien Philosophen (1879–1888); III. Jahre des Siechtums. München 1978/79.
Karl Jaspers: Nietzsche. Einführung in das Verständnis seiner Philosophie. Berlin/New York 1974.

Walter Kaufmann: Nietzsche Philosopher, Psychologist, Antichrist. New York 1968.
Karl Kerényi: Dionysos Urbild des unzerstörbaren Lebens. München/Wien 1976.
Hanjo Kesting: Das Pumpgenie. Wagner und das Geld. Frankfurt 1993.
Joachim Köhler: Zarathustras Geheimnis. Friedrich Nietzsche und seine verschlüsselten Botschaften. Nördlingen 1984.

Alfred von Martin: Nietzsche und Burckhardt. Zwei Welten im Dialog. Basel 1945.
Reinhart Maurer: Nietzsche und die Kritische Theorie. Nietzsche-Studien 10/11. Berlin/New York 1982.
Wilhelm Mettenhausen: Nietzsches Bonner Studienzeit. Dissertation. Archiv der Universität Bonn 1942.
Malwida von Meysenbug: Im Anfang war die Liebe. Briefe an ihre Pflegetochter. München o. J.

Wilhelm Nestle: Die Vorsokratiker. In Auswahl herausgegeben und übersetzt. Jena 1908.
Ernst Nolte: Nietzsche und der Nietzscheanismus. Frankfurt 1990.

Adalbert Oehler: Nietzsches Mutter. München 1941.

H. F. Peters: Zarathustras Schwester. Fritz und Lieschen Nietzsche. Ein deutsches Trauerspiel. München 1983.
Annemarie Piper: »Ein Seil geknüpft zwischen Mensch und Übermensch.« Nietzsches erster »Zarathustra«. Stuttgart 1990.
Matthias Politycki: Der frühe Nietzsche und die deutsche Klassik. Straubing/München 1981.
Guy de Pourtalès: Amor fati. Nietzsche in Italien. Freiburg 1930.
Peter Pütz: Friedrich Nietzsche. Stuttgart ²1985.

Barbara von Reibnitz: Ein Kommentar zu Friedrich Nietzsches »Geburt der Tragödie« (Kap. 1–12). Stuttgart 1992.

Karl Reinhardt: Nietzsches Klage der Ariadne. Frankfurt 1936.

Raoul Richter: Friedrich Nietzsche. Sein Leben und sein Werk. Leipzig 1903.

Werner Ross: Der ängstliche Adler. Friedrich Nietzsches Leben. Stuttgart 1980.

Jörg Salaquarda: Der Antichrist. Nietzsche-Studien 2, 1973.

Edgar Salin: Jacob Burckhardt und Nietzsche. Heidelberg [2]1948.

Heinrich Schipperges: Am Leitfaden des Leibes. Zur Anthropologik und Therapeutik Friedrich Nietzsches. Stuttgart 1975.

Hermann Josef Schmidt: Nietzsche absconditus oder Spurenlesen bei Nietzsche. I. Kindheit, 1.–3. Teil; II. Jugend, 1. Teil 1858–1861. Aschaffenburg 1991–1993.

Caroline Schmidt-Löbbecke: Friedrich Nietzsches Wagner-Erfahrung. Muttens o. J.

Günter Schulte: »Ich impfe mich mit dem Wahnsinn.« Nietzsches Philosophie der verdrängten Weiblichkeit des Mannes. Frankfurt 1982.

Hans Steffen (Hrsg.): Nietzsches Werk und Wirkungen. Göttingen 1974.

Bernd Thönges: Das Genie des Herzens. Über das Verhältnis von aphoristischem Stil und dionysischer Philosophie in Nietzsches Werken. Stuttgart 1993.

Hubert Treiber: Nietzsches »Kloster für freiere Geister«, in: Peter Antes (Hrsg.): Die Religion von Oberschichten. Marburg 1989.

Anacleto Verrecchia: La catastrofe di Nietzsche a Torino. Turin 1978.

Martin Vogel: Apollinisch und dionysisch. Geschichte eines genialen Irrtums. Regensburg 1966.

Martin Vogel: Nietzsche und Wagner. Bonn 1984.

Pia Daniela Volz: Nietzsche im Labyrinth seiner Krankheit. Eine medizinisch-biographische Untersuchung. Würzburg 1990.

Richard Wagner: Die Hauptschriften. Herausgegeben und eingeleitet von Ernst Bücken. Stuttgart [2]1956.

Richard Wagner: Das Braune Buch. Tagebuchaufzeichnungen 1865–1882. Zürich 1972.

Personenregister